遺忘本能

The Benefits of Not Remembering

大腦內建生存機制,可以解開記憶桎梏,
解放負面情緒,重啟認知與創造力

FORGETTING

Scott A. Small

史考特·史摩——著 林曉欽——譯

遺忘本能 **大腦內建生存機制，可以解開記憶桎梏，解放負面情緒，重啟認知與創造力**

Forgetting: The Benefits of Not Remembering

作　　者　史考特．史摩（Scott A. Small）
譯　　者　林曉欽
責任編輯　夏于翔
特約編輯　周書宇
內頁構成　周書宇
封面美術　萬勝安

發 行 人　蘇拾平
總 編 輯　蘇拾平
副總編輯　王辰元
資深主編　夏于翔
主　　編　李明瑾
業　　務　王綬晨、邱紹溢
行　　銷　廖倚萱
出　　版　日出出版
　　　　　地址：10544 台北市松山區復興北路 333 號 11 樓之 4
　　　　　電話：02-2718-2001 傳真：02-2718-1258
　　　　　網址：www.sunrisepress.com.tw
　　　　　E-mail 信箱：sunrisepress@andbooks.com.tw
發　　行　大雁文化事業股份有限公司
　　　　　地址：10544 台北市松山區復興北路 333 號 11 樓之 4
　　　　　電話：02-2718-2001 傳真：02-2718-1258
　　　　　讀者服務信箱 : andbooks@andbooks.com.tw
　　　　　劃撥帳號 :19983379 戶名：大雁文化事業股份有限公司
印　　刷　中原造像股份有限公司
初版一刷　2023 年 3 月
定　　價　499 元
I S B N　978-626-7261-21-7

國家圖書館出版品預行編目 (CIP) 資料

遺忘本能 : 大腦內建生存機制，可以解開記憶桎梏，解放負面情緒，重啟認知與創造力 / 史考特 . 史摩 (Scott A. Small) 著 ; 林曉欽譯 . -- 初版 . -- 臺北市 : 日出出版 : 大雁文化事業股份有限公司發行 , 2023.03, 304 面 ; 15x21 公分
譯自 : Forgetting : the benefits of not remembering
ISBN 978-626-7261-21-7(平裝)
1.CST: 記憶 2.CST: 遺忘 3.CST: 認知心理學
176.33　　　　112002102

悼念蜜雪兒．史摩（Michelle Small）

獻給艾麗希絲．英格蘭（Alexis England）一生的記憶

當我抱怨自己的記憶力出現缺陷，他們不相信我，他們指責我，彷彿我說自己是一個傻子……，但是，他們冤枉我了；因為經驗，更準確地說，日常的生活已經向我們證明恰恰相反的觀點：牢固的記憶力通常伴隨著意志薄弱的判斷力。

我們確實有很好的理由主張：「沒有良好記憶力的人，永遠都不應該說謊。」

——米歇爾·德·蒙田（Michel De Montaigne）

《隨筆集》（*Essays*），一五七二年

目次

推薦序

遺忘本能——時間是最好的治療師

蘇冠賓／中國醫藥大學 安南醫院副院長、精神醫學及神經科學教授、
部落格「憂鬱症中心」、「身心介面研究中心」主持人

史摩教授的《遺忘本能》是一本描述「遺忘不僅正常、更是維持健康的重要功能」精彩無比的科普書。

大腦中負責記憶功能，除了眾所皆知的海馬迴（Hippocampus）之外，杏仁核（Amygdala）也扮演極為重要的角色。雖然今日人類擁有稱霸地球、探索宇宙的智力，但大腦中主掌情緒、壓力和危險的偵測器官——杏仁核，卻和爬蟲類動物一樣原始。所謂「一朝被蛇咬，十年怕草繩」，這用來趨吉避凶並學習對壓力恐懼迅速

反應的腦區，可以跳過理性大腦的意識審查，直接記住恐懼事物所制約的人時地、味道、聲音⋯⋯，在可能有危險的類似模糊情境之下喚起情緒，命令自律神經做出求生存的全身性反應。

大家或許還記得生物課本中，透過電擊配對的實驗老鼠其杏仁核，很快就學會害怕原本不可怕的鈴聲。哥倫比亞大學艾瑞克．肯德爾教授（Eric Kandel），就是利用這種恐懼制約學習的行為實驗，找到記憶的分子機制，贏得諾貝爾獎。有趣的是，在人類成長過程中，只要透過父母或親近同伴的恐懼眼神，就可以對杏仁核產生如同電擊的效果，去配對同伴「所見、所聞、所恐懼」的情境，深刻牢記。因此，杏仁核對同伴恐懼表情的反應，遠遠大於刀槍砲火、毒蛇蜘蛛，讓生命早期並不需要被蛇咬，就可以記住蛇的可怕。

然而人類大腦演化在數萬年前所具有的生存優勢，到了現代社會卻產生嚴重的副作用，也就是「對壓力危險特別敏感」。想像七萬年前有一對剛誕生的智人雙胞胎新生兒，當哥哥在叢林荒野中長大，面對天災敵人、洪水猛獸的環境，全身緊繃、瞳孔放大、心跳加速、血壓升高……，這些敏感的生物反應能幫助他渡過危險，傳宗接代。然而弟弟坐時光機來到現代長大成人，雖然和現代人的外觀、構造和大腦功能並沒有任何差異，但是他面對的壓力卻是前所未有：煩惱下週的報告、下個月的考試、明年畢業求職……，他大腦中的危險偵測器從來沒有關機，自律神經不斷失去平衡，最後陷入負向思考、憂鬱焦慮的深淵！

讓遺忘從「本能」擴展為「心理療癒」

我們常說時間可以治癒一切，遺忘是最好的治療師，這正是《遺忘本能》一書所要闡述的重點。「幸福的人用童年治癒一生，不幸的人用一生治癒童年」，在臨床上我治療過許多深受創傷記憶困擾的病人：在學校被滿身魚腥味高個子同學霸凌，長大後討厭學習（學校）、海鮮（魚腥味）、高個子同事（同學）；小時候被親近的家人性侵，長大後無法建立親密關係和安全感；九二一創傷倖存者，每當桌椅被碰撞就恐慌發作……，他們無不納悶：為何無法「遺忘」？時間怎麼沒有淡化那些不斷在潛意識中作祟的記憶？

做為精神科醫師，我們的使命就是和病人一起治癒不幸和童年。從神經科學的角度，心理治療中的「遺忘」，具有「建立新的記憶」的更深層意義。治療師將病人潛意識中所恐懼的「關係或情境」，重新在安全的治療關係中被喚起，此時相關的神經迴路被活化，重新以「安全感」來制約，並建立新的正向記憶，來競爭並替代想被遺忘的負向記憶。從史摩教授神經科醫師的角度，再加上精神醫學心理治療的角度，「遺忘」就能夠從「本能」擴展為「療癒」。

前言

遺忘，不可或缺的生存能力

富尼斯不只能記得每座樹林中每棵樹木的每片葉子，甚至能記得他感受或者想像葉子的時間。但是，我懷疑富尼斯沒有真正的思考能力。因為思考是忘掉差異、進行類化，並且萃取抽象的概念。

——阿根廷作家 荷黑·路易斯·波赫士（Jorge Luis Borges）
〈博聞強記的富尼斯〉（Funes, the Memorious）

作為一名記憶力專家，我的所聞全是遺忘。這些所聞不僅來自我的病患，其通常都因特定的疾患導致病態遺忘（pathological forgetting），同時，也會表現出有憑有據的醫療擔憂。我想討論的是其他人，也就是幾乎絕大多數的人都會抱怨的「常態遺忘」（normal forgetting），這個我們與生俱來、就像身高或其他生理特徵一樣會在不同人身上出現自然變化的遺忘。我不是在抱怨他們的抱怨，因為，我自身的遺忘也令我沮喪，除此之外，提供富有同理心的建議是醫師治療時的特權。事實上，我很確定，我在人生早期階段對於記憶的興趣——亦即引發我對於記憶的學術研究熱忱，從而使我接受相關訓練並發展成職業，都是被「我自己的遺忘」所啟發。誰不希望擁有更好的記憶力？為了在考試時獲得更好的成績；為了更明確地記住讀過的書籍、看過的電影；為了能說出更多細節，贏得知識的辯論，或者在有趣的小事實與詩詞討論中，答對更多題目，獲得更多人的欽羨之心。

一直以來，普遍的科學觀點認為遺忘代表我們的記憶系統出現了小故障，或者至少可說是一種討人厭的現象。因此，科學研究的目標主要都是理解人類的大腦如何形成、儲存和檢索記憶；記憶的快照如何形成、處理以及分類。雖然有些科學家以直覺推測遺忘可能帶來的益處，但記憶的衰退，就像放在閣樓已經發霉的照片，通常都會被視為記憶裝置的功能故障，或是記憶產生裂痕的跡象。而這種標準的科學觀點認為，追求更好的記憶能力理應是人們永遠該追求的終極目標，而遺忘則是必須避免、奮力對抗的對象；這種科學觀點引導了我的求學訓練與職業生涯。

我已經學習記憶超過三十五年。我還是紐約大學實驗心理學（experimental psychology）的大學生時，就以「情緒如何讓我們的觀點和記憶方式產生偏誤」為主題發表了一篇論文，也撰寫了自己的畢業學位論文。作為紐約大學的醫學博士生，我加入記憶研究學者艾瑞克・肯德爾（Eric Kandel）的實驗室；他在二〇〇〇年時因發現神經元在不同動物模型中的記憶方式，榮獲諾貝爾醫學獎。接著，我在哥倫比亞大學完成博士後研究，並與頂尖的阿茲海默症臨床研究者暨基因學家理查・馬耶（Richard Mayeux）共同研究阿茲海默症與其他形式的記憶失能。從此之後，我一直在自己的實驗室努力探索阿茲海默症的起因以及可能的治療方式，還有人類生命後期記憶失能的原因。

雖然老狗無法學習新把戲，但幸好我們可以忘了舊把戲，因為我和其他許多記憶領域的研究人員與記憶學博士，對於遺忘的舊觀點都是錯的。神經生物學、心理學、醫學，以及電腦科學的近年研究[1]，共同推動了人類對於記憶理解的明確轉型。**我們現在知道，遺忘不只是自然的常態現象，而且有益於我們的認知和創造能力，對於我們的情感幸福有幫助，甚至有助於社會健康。**

這本書，獻給我在職業生涯中想要協助的數百位病患，他們承受了病態失憶之苦，其通常都是神經退化性疾病所導致，也有人只是單純老化。儘管「病態」的醫學定義依然莫衷一是，但區分常態遺忘以及病態遺忘最簡單的方法，就是病態遺忘反映了一個人的記憶力出現真正的惡化，而這種惡化會影響一個人是否能充分參與資訊負載的生活能力。光是觀察病患出現病態遺忘的痛苦結果，對於常態遺忘的擔憂就能令人大大鬆了一口氣。我想，曾親眼目睹阿茲海默症所造成的痛苦，就能避免人們受到蠱惑，想用充滿詩意的方式來描述阿茲海默症，例如：認為阿茲海默症總有一絲希望、阿茲海默症在某種程度上是好的。或許，這種浪漫的說法部分是對的，但是，身為一位醫師，必須竭盡所能地感同身受，親身接觸因病態遺忘所造成的痛苦，因此，請容我無法忍受過度浪漫的說法。無論如何，這本書的主題不是病態遺忘，而是常態遺忘。

過目不忘，真的是好事嗎？

稍早提出的問題：「誰不想要擁有更好的記憶？」顯然只是一個不需要真正回答的修辭問題。那麼，圖像記憶又是如何呢？這是一種記憶系統，就像電腦硬碟一樣可以永久儲存心智中的記憶快照，永遠不會消退。大多數的人都曾經渴望自己擁有這種認知能力，但是，我猜想許多人也能察覺到圖像記憶的潛在負擔。

雖然神經科學的研究紀錄中偶有所聞，但是真正的圖像記憶，有時稱為「全現遺覺記憶」（eidetic memory），其實是極為罕見的例子。有些人的天生記憶能力確實處於常態分配的優越端，就像身高分配也有極端高個兒的例子一樣。在仰賴記憶能力的特定領域中，有些專家的記憶能力異常卓越，彷彿不應該存在於這個世界，例如：西洋棋特級大師對於棋局的特殊記憶能力、協奏曲鋼琴家對於樂譜的記憶能力，以及職業網球選手對於肢體動作的記憶能力。另外，還有所謂的「記憶術專家」（mnemonist），或者說記憶魔術師，他們依賴認知能力的絕活、某種與生俱來的技巧，再藉由大量練習來發展特定資訊範疇的卓越記憶能力，例如：「自傳式資訊」（autobiographical information；意思是關於自我的知識，對於自我的身分、自我的過去，以及自我發展的空間）、數字，名字或者事件。然而，接受正式的相關測驗時[2]，以上提到的人物，沒有任何一位對於所有事物都具備真正的圖像記憶。換言之，沒有人的心智能「真的」過目不忘。

因此，圖像記憶其實是一種人造概念，是一種超級英雄的能力。那麼，圖像記憶值得擁有嗎？直到科學趕上小說，證明為什麼圖像記憶不值得追求之前，小說的描述早就提供了答案；最好的例子就是阿根廷作家荷黑・路易斯・波赫士的〈博聞強記的富尼斯〉[3]，這篇收錄在他的《小說》（*Ficciones*）選集的短篇故事。

富尼斯從馬上跌落，失去了意識，醒來之後，紅腫的腦袋再也不會遺忘；現在的富尼斯可以在一瞬間記住並且仔細回憶所有事物。故事開始的時候，大多數讀者都會嫉妒富尼斯，因為我們看見獲得嶄新超級認知能力的富尼斯，能不費吹灰之力地引述最近讀過的書籍之中的漫長段落，或者用幾天的時間精通新的語言（甚至是拉丁文！）。但是，隨著我們開始感受到富尼斯內心的混亂之後，羨慕之情也轉變為同情。在其中一個情節，富尼斯喝了一杯由鄰居所釀造的紅酒，瞬間，他的心思陷入了宛如洪水般的記憶中。那杯紅酒還原了許多相關的記憶，而每個回憶都擁有點彩畫般的細節，比如，釀造那杯紅酒的「葡萄藤蔓的枝椏、葡萄串，以及葡萄果實」，而這個情況讓富尼斯陷入了徹底的焦慮。可憐受苦的富尼斯，所有不值得留戀和漫談的往事，他通通不會忘記。如果有人問起富尼斯過往的任何一個故事，即使只是童年時期某個快樂的下午，他的思緒就會湧現太多的細節：當時看見的雲是什麼形狀、當時每分鐘感受的溫度變化，以及當時所有的肢體動作。很快的，我們就會發現，完整的回憶可能是一場惡夢。

關於〈博聞強記的富尼斯〉，最值得一提的，是這個故事精確地預示了神經科學在研究人類心智時，發現人類如果可以使用高解析的方式拍攝與儲存心智的照片，將會如何妨礙我們的思考。故事中的許多段落，都是在描述關於富尼斯的圖像記憶是如何造成一種明確的認知障礙：富尼斯無法類化思考，而所謂的「類化」（generalize）就是見林不見樹。「富尼斯在鏡中的面容，他的雙手，時時刻刻都令他感到驚訝……他不僅難以理解為什麼一個普遍的詞彙『狗』能涵蓋許多彼此不相似的例子，比如各種不同的大小與外型；他也因為一個事實而心煩意亂：在三點十四分從側面觀察的狗，與三點十五分從正面觀察的狗，竟然擁有相同的名字。」擁有圖像記憶如此痛苦，導致年輕的富尼斯決定將自己的餘生都隔離在一間刻意保持漆黑與無聲無息的房間內。

直到過去的十年左右，一種新型的科學研究才開始成型，解釋了為什麼遺忘和記憶達成平衡時，才是人類真正獲得自然認知的力量，讓我們可以活在一個變化萬千且經常令人感到害怕與痛苦的世界。二〇一〇年，歐洲各國的法院判定「被遺忘權」（the right to be forgotten）是合法權利，並且成功提出一個主張，認為永久的紀錄

（在此案的例子是專指在網路上的紀錄）能夠傷害一個人的人生。依照相同的精神來看，人類大腦的遺忘現象確實是正確的。

你會在本書讀到一個觀念：**「遺忘」與「記憶」的平衡表現是形塑認知的必要條件**，它能讓我們擁有適應千變萬化環境的彈性、讓我們擁有從大量破碎儲存資訊中萃取抽象概念的能力、讓我們能見林不見樹。遺忘是情感幸福的必要條件，因為遺忘能讓我們放下引發痛苦的怨恨、神經質的畏懼，以及造成傷害的經驗。太多的記憶，或者太少的遺忘，將會讓我們陷入痛苦的牢籠。遺忘是社會健康和創造力的必要條件；當產生意想不到的聯想時，它會在靈光乍現的時刻減輕心智的負擔，沒有遺忘，所有天馬行空的創意想像，都會被記憶限制。

如果把本篇開頭提出的那個不需要回答的問題，修改為「誰希望擁有圖像記憶，以及永遠不會遺忘的心智？」我希望閱讀完本書之後，你會明白，沒有人的答案會是肯定的。

第一章

記憶與遺忘

海馬迴與認知老化

「我的記憶力就像鋼鐵捕獸夾！[1]」卡爾（Karl）如此主張。他是我在哥倫比亞大學記憶障礙中心任職時的第一位病患。在關於記憶力的各種比喻中，我最不喜歡鋼鐵捕獸夾，部分原因是基於美學（動物腳掌被捕獸夾捕獲的暴力畫面太令人反感），但主要的原因則是這個描述會產生一種令人誤解的科學影響。即使是記憶力過人者，他們的記憶力也永遠不可能像鋼鐵；**記憶是有彈性、會變形且破碎的**。另外，捕獸夾之於記憶機制的比喻也是錯誤的，因為這種說法暗示了記憶是藉由一種關鍵性的捕捉機制而即刻形成。

卡爾是紐約曼哈頓的刑事案件辯護律師，他前來記憶障礙中心時，他的穿著就像正要出席法庭。記憶障礙中心因阿茲海默症及其相關疾患的專業而聞名，我們為來自世界各地的病患提供照護，即便如此，卡爾依然非常顯眼，但不只是因為他穿著剪裁合身的三件式西裝。我從一個街區之外的實驗室準時抵達中心辦公室時，卡爾已經在辦公室門口來回踱步，希望能馬上開始諮詢。卡爾的身上流露出一種充滿動力的渴望，在我們的其他病患身上十分罕見。卡爾大學時期就讀耶魯大學的英語文學系；他在開場時滔滔不絕地介紹自己卓越的認知能力，以及在法庭上的豐功偉業之後，終於放下心房，開始仔細描述自己的症狀，他害怕症狀的起因及其造成的結果，會對於他律師工作上的非凡表現有所影響。

謹慎聆聽病患的症狀及其臨床史，是神經科醫師專業的首要之責，因為這些蘊藏在病患說詞中的豐富資訊，能達成神經科學的核心目標「病灶定位」（localizing the lesion）。因此比起其他醫學專業人員，神經科醫師通常在詢問「有什麼症狀」之前，更執著於先詢問「哪裡有症狀」。例如，手臂無力可以定位至肌肉或神經受損、脊髓的其他部位，或者大腦，也就是說，神經系統上的各個部位都能定位出不同的疾病，而大多數的神經科醫師都會承認自己非常享受剖析症狀謎題的過程。我們需要關於神經系統迴路的知識，理解不同的神經迴路節點如何運作，因此，我們也要明白如何分辨問題的起源，從而檢驗相關的神經迴路。然而，除了享受神經科醫師的分析樂趣之外，「定位病灶」也就是回答「哪裡有症狀」，亦是做出正確診斷的關鍵。

雖然辨識一個人記憶失能在人體結構上的問題起源位置，比起辨識手臂問題的起源位置，更加艱難，但在判斷上兩者採用相同的原則。病患進入診療間的那瞬間，記憶專家就已經開始定位是何種原因造成患者的病態遺忘。即使在非正式的自我介紹階段，我們也會嘗試描繪病患大腦認知區域的運作情況，藉此理解病患的記憶網絡在「病前狀態」（premorbid state），也就是在認知症狀出現之前的功能。因此，我們確實有一種「職業病」，就是即使在社交場合閒聊，也有可能會反射性地執行人體記憶功能「檢驗」。只要聆聽一個人說故事的方式，也就是其用於潤飾故事的細節、詞彙和句型的豐富程度，我們就無法阻止自己，必定會依照對方流露的功能資訊，在心中對於說故事者的腦部認知區域進行色碼判斷。人類的腦部認知區域圖雖然模糊，卻是一個非常有用的起點，可以讓我們描繪病患主訴認知問題的部位起源。在病患首次看診的最後階段，我們會嘗試提出關於記憶損失「位置」的意見。而隨後的臨床檢驗，包括血液檢驗、神經成像檢驗（例如磁振造影），以及神經心理學評估，最終都會用於確認或協助我們調整最初提出的意見。

卡爾的學業成績一直都非常優秀，即便在充滿競爭力的同儕中，他的記憶力依然超凡絕倫，而這樣的記憶力，充分展現在他能記得自己小時候在長島長大時於棒球場上的數據表現、大學時代讀過的詩，以及在紐約大學法學院求學期間研究的侵權案例。卡爾的優秀記憶力在他的職業領域非常有用，在他任職的律師事務所也廣為人知。只要與一個人見過一次面，無論是暑期的實習生、法律助理，當然，也包括委託人，卡爾就能記住對方的長相或名字。而這個特質也成為卡爾的臨床主訴：回想委託人名字的能力衰退了。最近，與一位重要的新委託人會面的幾個月之後，卡爾在熙來攘往的曼哈頓街道遇見了委託人，他十分慌張，因為他想不起對方的名字。對多數的人而言，這只是難為情的小事，但是，努力回想一個名字，卻讓卡爾認為可能是律師生涯的嚴重絆腳石。

認識大腦中的記憶工具箱

光是聆聽卡爾的人生故事，並且仔細思考他的臨床主訴，我就能明確地推測他的哪一個大腦部位可能是病態遺忘現象的起源。事實上，我有很強烈的直覺相信，可能是兩個部位的其中一個，而我隨後就會確認我的直覺是否準確。我們在診療室進行神經檢驗與初步的記憶力測驗，以及看診結束時執行的額外檢驗。在此之前，為了解釋我的直覺，以及在描述人類的遺忘如何運作之前，我認為簡單扼要地說明人類的記憶功能，有助於帶領讀者理解我的臨床思維和評估，以及對於卡爾的診斷結果。

在記憶力的眾多比喻之中，個人電腦是一個很好的比喻。事實上，個人電腦的說法更勝過於比喻，因為個人電腦的運作方式是

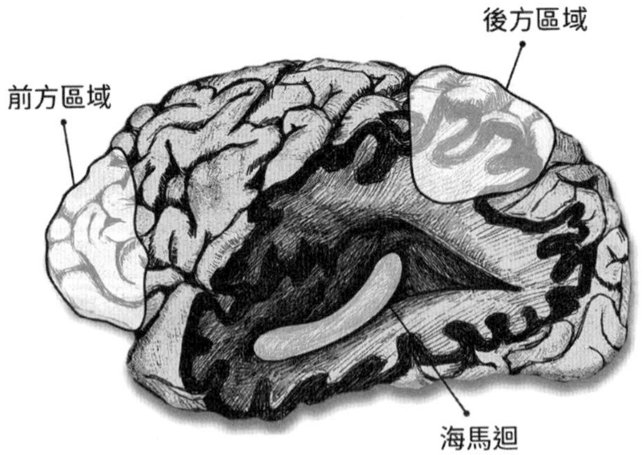

▲ 負責處理記憶和遺忘的大腦區域 ▲

一個完美的類比，能說明人類的大腦如何儲存、記憶，並且取用記憶。這個現象不是巧合，因為電腦和人腦都要解決三個問題，才能找到處理大量資訊的最佳方法：將記憶儲存在何處、如何在專用的空間儲存記憶，以及如何依照需求打開並且取用記憶。

關於記憶的運作，我們的大腦擁有三個主要的人體結構功能單位，具體的位置在人類大腦後方的集合區域。為了簡潔說明，我將這個區域稱為「後方區域」（posterior area），也就是我們的珍貴回憶儲存區。在人類大腦的顳皮質（temporal cortex）層區域深處有一個特殊結構「海馬迴」（hippocampus），允許大腦能適當地儲存記憶。在前額葉的皮質層區域中，位置是額頭的右後方，則是一個綜合區域，協助我們打開並且取用記憶。每當你將文件檔案儲存在電腦硬碟，或者打開過去儲存的檔案時，就是在執行電腦的記憶功能，而這個動作，正如你的大腦在執行你的記憶功能。

就像電腦硬碟儲存資訊的基礎單位是「位元」（bit，採用〇和一的二進位），人腦記憶儲存空間的基礎單位是一個細胞、一個神經元，但不會使用完整的神經元；

記憶的位元位於神經元的頂端。只要觀察神經元，就可以看見神經元的形體大多是宛如樹枝的延伸體，稱為「樹突」（dendrite）。在外部樹突的最頂端，則是有高達數百個小小的「突出」（protrusion），這些突出稱為「樹突棘」（dendritic spine）。樹突棘雖然嬌小，但功能強大，就像枝繁葉茂的樹木正在發芽的葉子，神經元在樹突棘中相互連結，與彼此溝通，而它們聚合的點稱為「突觸」（synapse）。樹突棘愈大，突觸的連結就愈緊實，能進行「音量」更大、更明確的溝通。神經元與其他人體細胞的不同可能是外觀，比如，卵形肝臟細胞，或者長方形的心臟細胞；但是，神經元和其他細胞真正的差異在於突觸，也就是溝通神經元形成的「裂縫」。如果我們可以用細胞功能作為器官的單一定義方式，好比肝臟用於排毒，心臟用於傳送血液，那麼「大腦細胞的突觸連結」就是腦部功能很好的定義方式。

由於樹突棘的大小隨著人類的經驗而改變，因此，突觸的連結具有可塑性，而不是如鋼鐵般堅硬。一旦一個神經元與鄰近的神經元同時接受高度刺激，樹突棘可能就會開始成長。樹突棘的成長數量足夠之後，神經元的連結也會變強，而這就是人類形成新記憶的過程。有趣的是，神經元的連結過程也解釋了為什麼科學界有一個在英文中押韻的句子：「一起受到刺激的神經元就會一起結合。」（Neurons that fire together wire together.）與此相對，如果神經元受到刺激之後，反而與其他神經元產生不同步的現象，樹突棘就會讓這個神經元枯萎，而這就是人類遺忘的過程。因此，位於神經元外側頂端的樹突棘，是人類記憶的資訊基礎單位。

樹突棘的外型與大小是大腦功能的基礎，非常重要，因為樹突棘包含了一組分子工具，用於處理樹突棘成長的精密過程。人類大腦的所有神經元都擁有使樹突棘成長的工具，而為了簡要說

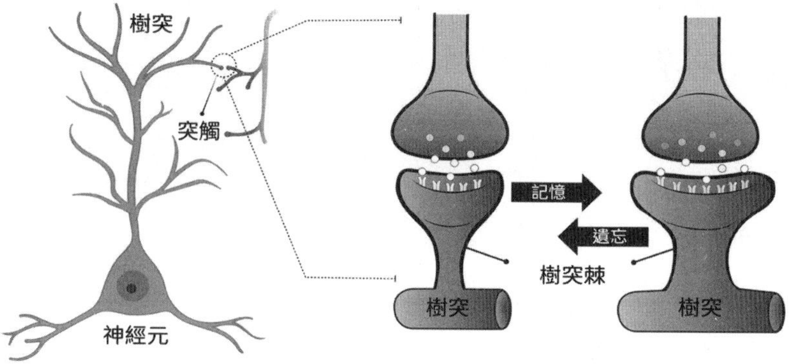

▲ 記憶與遺忘的神經「位元」▲

明，我把和記憶有關的神經元樹突棘成長工具稱為「記憶工具箱」。樹突棘的成長需要許多能量，更重要的是，神經元必須「謹慎地」發育樹突棘。如果樹突棘的成長過於茂盛，神經元變得彷彿雜草叢生，溝通時就會產生靜電效應，或者更惡劣的結果。過度生長的樹突棘可能導致神經元的溝通音量太大，其結果就像刺耳的聲音或無法理解的尖叫聲。為了保持平衡，記憶工具箱採用節能效率的方式培養樹突棘的成長，並且謹慎地調整校正。

卡爾能夠形成記憶，連結委託人的長相與名字，這個能力並非來自於兩個神經元；更準確地說，卡爾的記憶來自於數百萬個用於編碼記錄委託人長相的神經元，強化了與另外數百萬個用於編碼記錄委託人名字的神經元之間的連結。**在彼此獨立的刺激之間建立連結，就是人類記憶的核心**。我很確定你可以想起許多與自身有關、把多重感官元素結合在一起的複雜記憶。而卡爾將新委託人的姓名連結至長相的能力，可以被視為「聯想記憶」（associative memory）的證據，對於神經科學家而言，連結長相和姓名已經成為實驗室最受歡迎的研究典範。表面上，長相和名字的連結只是兩個單純的元素，但是，想要記住看過的長相與常聽見的名字，亦即長相和名字的聯想，就必須連結兩種分別儲存在大腦不同區域的獨立感官感受。

此外，由於人類大腦使用眼睛的方式是將長相視為單一的個體，為了讓我們感受獨一性，大腦必須先重建多重的元素，例如，所有臉部五官的形狀，以及五官分別的組織位置。我們聽見一個名字的時候，大腦的不同部位必須用相似的方式，從個別的聽覺要素，重新建構對方的整體長相。長相與名字的連結雖然是一種常見的經驗且似乎都是自動化的過程，看起來非常簡單，但實際上充分涵蓋了聯想記憶的複雜程度。幸運的是，長相與名字的連結能相對容易地在實驗室中進行。我們可以建立一組不同長相和名字的錄音檔，藉由不同的組合、持續時間，以及組合結果進行刺激，測試在哪個階段可以喚起人類的聯想記憶。事實上，長相與名字的連結在實驗意義上等同於製作蝴蝶標本，我們必須將記憶固定在板子上，才能近距離觀察記憶宛如蝴蝶振翅的複雜細節，否則記憶就會變成一閃而過的動態過程。有鑒於這個理由，許多實驗室，包括我自己的實驗室在內都會設計實驗的流程，使用磁振造影儀器，觀察受試者看見長相、聽見名字，或者同時看見長相與聽見名字時的腦部活動；以及要求受試者得知其中一個變項，看看受試者在嘗試回想另外一個變項時，其大腦將會使用哪一個部位。因此，卡爾在臨床上的主訴能藉由實驗來觀察與研究。

根據這種研究結果，我可以告訴你，卡爾第一次遇到新委託人的時候，他大腦後方的視覺皮質層發生了什麼事。首先，卡爾的大腦將所有複雜的事物拆解為基礎的元素，接著，會在皮質層的專用區域重建整體。人類大腦的資訊重建過程採用「輻射式」（hub-and-spoke）運作，就像大型航線的區域樞紐，所有的航線都會匯聚在中央樞紐。視覺的皮質層負責處理視覺資訊，而視覺皮質層的處理起點就像區域樞紐，從基礎的元素，例如顏色和形體，重建個人的臉部五官。下皮質樞紐的資訊匯聚至上皮質的樞紐，最後集中在中央樞紐，從而建構出完整的統一資訊；以卡爾的例子來說，就是委託人的長相。

卡爾第一次聽見委託人的名字時，他的聽覺皮質層也會出現與視覺皮質層平行運作的活動，以輻射式的方法，重新建構聽覺元素，最後將對方的名字呈現在聽覺皮質層的中央樞紐。我可以使用磁振造影掃描機，精確地標示出在重建委託人長相和姓名的不同階段時，卡爾大腦的運作部位。如果我請神經外科的同仁，在卡爾重建長相和姓名的不同階段放入電極，使用電極刺激下皮質層樞紐，並不會恢復卡爾看見對方長相或者聽見對方名字的經驗，而是必須讓中央樞紐獲得電極刺激，卡爾才能重新恢復看見委託人長相與聽見對方名字的經驗。

記憶的核心樞紐群位於大腦的後方區域，也就是記憶最後的儲存位置。中央樞紐群的電子以非常近的距離，與彼此建立了突觸的連結。如果同步的刺激發生了，而且有足夠的強度，神經元的記憶工具箱就會打開，並啟動其中的工具。一旦新的樹突棘成長完成，長相和姓名的樞紐就會相互連結。現在，以卡爾為例，他下一次遇見委託人，負責處理姓名的神經元就會啟動，使他能夠想起對方的名字，或者，至少在卡爾比較年輕的時候，他的心智就會產生此種認知結果。

反之，卡爾的視覺和聽覺皮質層如果受到損害，就可能會妨礙他記住名字的能力。舉例而言，如果下皮質樞紐區域中風或者出現腫瘤，就會阻擋傳至上皮質樞紐的感官資訊，進而妨礙卡爾的大腦重建姓名或長相。但是，感官資訊受阻不只會造成感官刺激無法抵達中央樞紐，也會導致我們所說的「皮質盲」（cortical blindness）或「皮質性耳聾」（cortical deafness）。

罕見的神經衰退疾病能導致中級樞紐功能出現問題，甚至衰亡，其效果近似於妨礙大腦重建長相或姓名，引發病患產生破碎的認知；甚至有病患的情況是：造成記憶限制的損害區域就在最高級的中央樞紐。如果損害影響了重建長相的中央樞紐，病患就會出現辨識長相障礙，也就是不只是特定的長相，而是一般而言的所有長相都會辨識困難，在醫學上將這種疾患稱為「面部辨識能力缺乏症」（prosopagnosia，也就是俗稱的臉盲症）。關於這種非常有趣的症狀[2]，讀者可以參考我們非常想念的同仁，聰穎的神經科醫生奧利佛・薩克斯（Oliver Sacks）撰寫的大作。

不過，卡爾的神經檢驗結果可以暫時排除視覺皮質或聽覺皮質出現損傷。我排定磁振造影檢驗，確定我們可以完全排除損傷的可能性。在初步評估中，我需要開始考慮卡爾的遺忘現象有其他的人體因素。於是，我請卡爾再次仔細描述自己的症狀，也就是請他重新講述與新委託人初次見面的幾個月之後，他在曼哈頓熙來攘往的街頭再度遇見對方時的情況。卡爾表示，他最後還是想起了對方的名字，但是他經過多次思考而且非常努力；在過去，別人的名字，甚或棒球數據、詩的內容，或者侵權行為的細節，總是不費吹灰之力在他腦海中「跳出」。這個故事讓我明白，在卡爾的大腦中，處理名字和處理長相的中央樞紐依然健在，只是運作的效率不如以往。

海馬迴與外顯記憶

卡爾描述記憶通常會在腦海中「跳出」時，其實已經透露端倪。記憶的許多形式都是用潛意識的方式運作，例如：我的記憶學會了手指運動神經的運作方式，讓我能用電腦寫書，輸入以上的句子；而所有的記憶形式都採用相同的突觸可塑性機制，增強神經元之間的連結。但是，我們可以有意識回想的「外顯記憶」（explicit memory），則是在許多的中央樞紐之中，藉由聯想形成。

卡爾第一次與新的委託人見面時，他不只是看見對方的長相以及聽見對方的名字，這個事件也包括他與對方第一次見面場合的所有點綴要素：地點是卡爾的辦公室，以及會面當天的時間。此外，該次的見面資訊可能也有其他的感官資訊，例如對方使用的香水氣味。以上這些元素，都會在卡爾大腦皮質層的不同中央樞紐進行重建，並將這些資訊匯集在大腦後方區域的記憶儲存空間。當卡爾同時經驗到這些元素的時候，元素彼此之間的連結就會增強；所有元素相互連結的程度愈強烈，關於卡爾委託人的外顯記憶，就會更強烈地在他的意識中「跳出」。

然而，所有元素相互連結的強度取決於人類

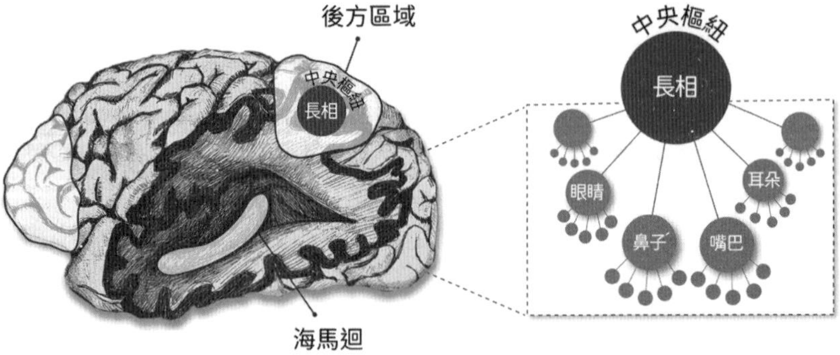

▲ 重新建構感官資訊 ▲

大腦的另外一個獨立結構，也就是海馬迴。人類有兩個海馬迴，它是彎曲的圓柱狀結構，大小外型宛如小指頭，藏在大腦顳葉的底層深處。十六世紀的解剖學家經常使用充滿文藝復興想像的方式命名新發現的人腦結構，對他們而言，C字型的海馬迴看起來就像一隻海馬。由於海馬迴的外型有如雕刻藝術作品般優雅，長久以來，吸引了許多解剖學家研究，並苦思海馬迴的功能，但是直到一九五〇年代才解開這個謎團。當時，神經外科醫生想要控制一位二十四歲、患有「頑固型癲癇」（intractable epilepsy）病患的症狀，他因為癲癇時常發作非常虛弱，於是他們決定移除這位病患的特定大腦結構，主要就是兩個海馬迴。

病患的癲癇確實消失了，但手術完成之後，病患也無法形成有意識的新記憶。病患的完整有意識記憶只能追溯至手術前的幾個月，而病患學習潛意識記憶的能力也是如此（例如學習新的運動）。這位病患與新的醫師會面時，如果醫師一直待在問診室，病患都可以在對話中正確說出醫師的姓名，由此可見，病患感官皮質層的樞紐和輪輻依然可以正常運作。但是，如果醫師離開問診室幾分鐘之後再回來，病患不僅不記得醫師，甚至沒有曾經與醫師見過面的有意識記憶。這位病患的嚴重病態遺忘現象甚至發生在數十年來一直負責醫治他的醫師身上，而且忘記的情形一再出現。病患再也無法連結姓名與長相，或者使用皮質層的任何一個樞紐。任何的新脈絡、事件，或者環境，已經無法用有意識記憶的型態出現在病患的腦海中。手術完成之後，病患活了超過五十年，而且確實沒有承受任何可能導致身體衰弱的精神痛苦，只是對於自己的遺忘，他再也沒有明確的記憶。

那位病患現在已經過世了，所以我們可以公開提到他的名字是亨利・莫萊森（Henry Molaison）。相關的研究文獻依然使用他的姓名縮寫（H. M.），數十年之後，還是有人繼續研究他的個案。雖然當年的手術立意良善，但是亨利・莫萊森的認知能力因而受損，絕對不是神經外科領域引以為傲的成就。然而，亨利・莫萊森留下的知識遺產長存[3]，在認知科學領域開創了一個新的年代，特別是在記憶研究中。經過數十年的努力，以及數千個研究報告之後，即使我們依然無法完全理解，但至少更明白海馬迴如何協助人類形成新的意識記憶。

人類大腦中央樞紐連結資訊的過程，其實非常緩慢且謹慎。基本上，神經元的樹突棘用於連結各個樞紐，只要受到刺激就會開始增長，但是樹突棘的增長過程相當脆弱且不穩定，如果沒有接收持續的刺激，樹突棘便很容易萎縮。正如還沒有辦法集中注意力的小學一年級學生，中央樞紐的神經元被視為記憶的「緩慢學習者」。不過，海馬迴克服了樹突棘在突觸位置的焦躁不安，其方法就是扮演一位富有同情心但非常嚴苛的學校老師；它能耐心地教導不守規矩的新生樹突棘，使它們變得穩定，從而連結各個樞紐形成新的意識記憶。只要中央樞紐獲得良好的教育、大腦的後方區域成功儲存意識記憶，那麼，老師（也就是海馬迴）的工作就完成了，可以繼續下一個任務。

兩個重要的科學發現，揭露了海馬迴的大腦皮質層祕密訓練計畫。第一個發現，是海馬迴擁有與皮質層中央樞紐直接溝通的管道，海馬迴的功能就像一位老派的電話總機人員。各個中央樞紐定義了一個事件的所有元素：感官的元素、當天的時間，以及地點等，再將資訊傳向海馬迴，而每個樞紐都會刺激海馬迴不同區域的神經元。

第二個發現，則是海馬迴的神經元長出樹突棘的方式，不同於中央樞紐的神經元。海馬迴的神經元是快速的學習者，在其他神經元提供的共同刺激之下，迅速孕育嶄新、穩定且成熟的樹突棘。

卡爾第一次和委託人見面時，定義該次事件的中央樞紐：在卡爾的大腦中重現對方的長相、姓名，以及當時的其他所有元素，同時將資訊送往海馬迴，每個樞紐都會刺激海馬迴不同區域的神經元。假設海馬迴的各個區域是電子琴的琴鍵，那麼，卡爾和委託人的第一次見面就像眾多音符構成的樂曲，在他的海馬迴中鳴奏。由於海馬迴的神經元可以快速連結，在相似事件發生後的一小段時間之內，海馬迴的行為就像連結各個中央樞紐的聯絡人。參與卡爾和委託人初次見面的所有中央樞紐集中注意力之後，海馬迴就能藉由共同刺激所有的中央樞紐，教導中央樞紐儲存相關資訊；經過幾個星期的時間，中央樞紐的樹突棘逐漸克服天生的惰性，開始學習並形成穩定的樹突棘。到了這個階段，人類的意識記憶據說已經與海馬迴沒有關係；這是一個好現象，因為海馬迴神經元摧毀樹突棘和建立樹突棘的速度一樣快。海馬迴就像一位老師卸下教育的重責大任之後，立刻摧毀了教材，並且刪除相關的紀錄。

以上的內容，也解釋了為什麼亨利．莫萊森不需要海馬迴回想更久遠的記憶，因為他的皮質層完整，所有久遠的記憶已經完成海馬迴的訓練計畫。但是，海馬迴經過手術摘除之後，莫萊森的大腦沒有能力記住任何新的意識記憶；在醫學上，將這個情況稱為「順向失憶症」（anterograde amnesia）。除此之外，對於手術之前幾個月的事件，莫萊森也有一定程度的「逆向失憶症」（retrograde amnesia；無法記得久遠的回憶）。莫萊森的逆向失憶症具備時間區間特質，他已經完全遺忘手術之前幾個星期的事件，不過對於發生在手術前幾個月的事件，遺忘程度較低。

真正的逆向失憶症，也就是沒有時間區間特質的嚴重案例，則是因為儲存過去事件回憶的大腦後方區域受損：中央樞紐儲存的資訊遭到刪除，或者連結中央樞紐的橋梁崩塌。這種類型的嚴重失憶在神經科學上非常罕見，然而，在肥皂劇中則是常見的劇情轉折。

或許，卡爾的海馬迴必須被視為造成病態遺忘的潛在來源，不過他的前額葉區域也是潛在來源；前額葉區域負責協助我們取得並恢復位於後方區域儲存位置的記憶。你可以將海馬迴視為一臺電腦的儲存按鈕，藉由儲存功能，正如我用電腦寫作本書，可以將資訊從大腦的暫時記憶移動至長期記憶，也就是從螢幕上儲存至硬碟中。如果你曾經體驗過在還來不及儲存螢幕上的資訊之前電腦就當機了，就能大概領略亨利．莫萊森的人生究竟是什麼模樣。

醫師在問診室與他見面，亨

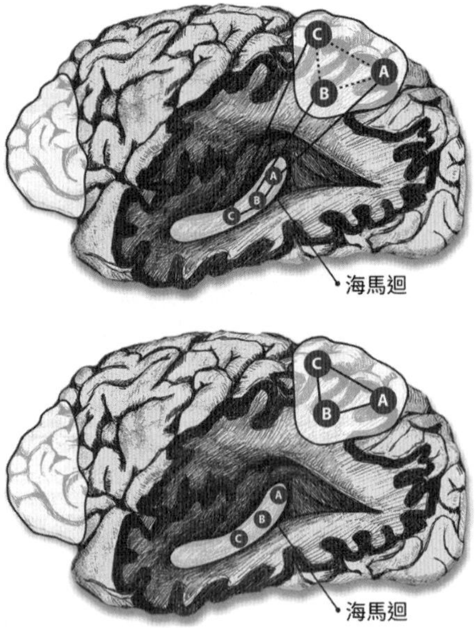

▲ 海馬迴與記憶形成的過程 ▲
上方是海馬迴訓練期間，下方則是完成訓練之後。

利．莫萊森可以記得醫師的名字，以及在這段時間內產生的相關資訊。但是，只要他的注意力分散，例如醫師必須暫時離開問診室，即使只是幾分鐘的時間，相關的資訊就會立刻消失。專注的注意力，在認知上等同於暫時留在電腦螢幕上的開啟檔案，也就是說，只要你的注意力依然專注在當時的事件，你就能記住資訊。至於分散注意力，即使只是短暫的，就等同於關閉電腦，而如果你沒有啟動將資訊儲存在長期記憶空間的流程（海馬迴的功能實際上就是如此），相關的資訊就會永遠消失。相較於大腦的後方區域，前額葉更接近電腦作業系統的「開啟檔案」按鈕。按下「開啟檔案」就能瀏覽已經儲存的檔案，並找到正確的檔案，將檔案呈現在螢幕上。前額葉用相似的方式瀏覽並且啟動放在皮質儲存區域的記憶。

電腦的類比雖然很好，但就像所有的類比都是不完美的。**海馬迴儲存一個記憶需要用幾個星期，不像電腦「瞬間」就能儲存文件，而海馬迴的能力也解釋了每個人記住新的意識記憶的能力有所差異。**對於某些人而言，當然，也包括年輕時的卡爾，海馬迴的運作比其他人更好。你必須使用「開啟檔案」指令，才能在電腦上打開任何一個檔案，因為電腦本身實際上無法自行開啟檔案。

另外，如果病患因為罕見疾病或造成創傷的意外事件，幾乎失去所有前額葉功能時，其實依然有能力恢復並且回憶過去儲存的記憶，只是比較緩慢，而且記憶的內容比較不精確。回到方才的教學比喻，如果海馬迴可以類比為學校老師，那麼前額葉區域更接近學校的圖書館館員。恢復記憶就像從學校圖書館找出一本書，你或許可以在沒有圖書館館員的協助下找到自己正在尋找的書籍，但是，一位傑出的圖書館館員，可以加速完成找書的過程。

自然的認知老化等於失智症嗎？

卡爾初次看診快要結束時，我猜想他的遺忘可能是大腦兩個區域的功能出現問題：他的記憶老師海馬迴，或者是他的記憶圖書館館員前額葉皮質層。理論上，海馬迴或前額葉皮質層區域的功能退化，都會導致與卡爾相同的記憶問題。不過，有一些方法能進一步協助我在卡爾的病情中仔細區分兩個區域的情況。我詢問卡爾遺忘姓名只有發生在最近認識的委託人，還是多年以前認識的委託人也有相同的情況。倘若前額葉皮質層是卡爾遺忘的主因，回想新的記憶和舊的記憶，對他來說應是同等的困難；如果卡爾的主訴是唯有想起新的委託人姓名時會有困難，原因可能就是海馬迴。另外，我也詢問卡爾有沒有出現尋找詞彙的困難。我們腦中的母語詞彙庫，在年輕時就被儲存在大腦皮質層中。多數人都曾經體驗過無法找到那個完美詞彙的問題——可能是在某個句子，或者是在講述某個故事的時候，唯有在事後才會聽見回憶宛如槍聲般響起。如果尋找詞彙時出現空白情況的頻率提高，神經學家都會立刻認為前額葉皮質層可能出現問題。

我也詢問卡爾是否出現空間遺忘的情況。海馬迴的功能不只是連結一個事件的感官元素，海馬迴也非常善於連結空間元素，舉例而言，就是卡爾第一次和委託人見面的辦公室。我經常詢問病患，他們是否很容易忘記自己停車的位置、忘了自己熟悉的行駛路線，或者鑰匙的位置；如果你走出購物中心的時候，很明確地知道自己的汽車停在何處，或者你在早上出門上班時，明確地記得鑰匙的位置，代表你的海馬迴運作正常。**如果關於空間類型的記憶隨著時間經過變得愈來愈困難**，那麼，你的海馬迴正在告訴你，而且也正向神經科醫師，也就是我，發出警訊：**海馬迴功能正在產生變化**。

卡爾非常頑強，他堅持自己不曾遺忘過去委託人的姓名，對於自己的大量詞彙很自豪，而且沒有任何尋找詞彙的問題。但是，他確實承認自己偶爾會出現空間遺忘的現象，比如，和孫子一起離開購物中心之後，卡爾不確定自己將車子停在何處。卡爾將自己的健忘歸咎於購物中心太大，也太喧嘩，但回想起來，他卻發現二十三歲的孫子沒有這方面的任何問題，可以準確地記得汽車的停放位置。

在初次評估結束時，我已經非常有信心認為自己找到卡爾認知問題的來源。在卡爾的一生中，他的海馬迴永遠可以發出響亮的聲音，讓皮質層的中央樞紐用更快的速度、更好的方式儲存新的記憶，勝過於許多同儕。卡爾的遺忘問題起源於海馬迴，他的海馬迴依然可以運作，只是比不上年輕的時候。

「好吧。」我向卡爾解釋自己的想法和判斷時，他說：「恭喜你，史摩醫師，你擁有傑出的分析技巧，但我的遺忘究竟是什麼原因？」我請他耐心等候並向他保證，待我們完成一系列的檢驗之後，他下次來看診時，我就可以讓他知道原因了。

海馬迴的功能受損，在極少數的例子中，可能是因為顯著的結構受損，例如中風、腫瘤，或者是因為罕見的缺乏荷爾蒙和維生素所造成的；不過在卡爾的案例中，我已經用磁振顯影和血液檢驗排除了上述的可能性。因此，在卡爾這種個案中，最重要的檢驗就是正式的神經心理評估。

執行神經心理評估的專業人士稱為「神經心理學家」，其評估的內容很接近你可能曾經參與過的那種討人厭的智力測驗，內容包括一連串的紙筆測驗或電腦測驗，目的就是檢驗大腦認知區域的功能。「認知區域」包括與記憶有關的區域，也和語言、計算，以及操作空間物體或進行抽象思考有關係。經過了數十年的發展，神經心理測驗的內容已經標準化，並且能讓各種年齡、性別、教育程度，以及族群背景的大量病患接受測驗。神經心理測驗已經是我們最能夠客觀檢驗認知能力的方式，其準確程度幾乎就像心臟領域的心電圖。在卡爾的例子中，檢驗結果確認他的前額葉皮質層很健康，但他的海馬迴出現輕微的表現不良。

由於許多人都接受過神經心理測驗，其中包括與卡爾相同的年齡族群以及相同的教育程度，因此，神經心理學家可以評估卡爾的海馬迴在年輕的時候有何種程度的表現。卡爾現在的海馬迴表現能力，雖然不是七十歲至七十九歲之中最差的，但是明顯低於該年齡區段中年紀比較輕的人。換言之，卡爾的海馬迴正在經歷與年齡有關的記憶力衰退。**一個人在七十歲的時候，如果是因為海馬迴的關係造成記憶力逐漸惡化，可能有兩個原因：阿茲海默症的初期階段，或者自然的正常老化。**阿茲海默症一開始會影響海馬迴，在初期階段會對形成新的意識記憶造成輕微的障礙。接著，隨著時間經過，阿茲海默症也會開始影響其他的皮質層區域，例如顳葉、頂葉，以及前額葉，造成更全面且更深層的認知問題，也就是用於定義失智症的症狀。但是，海馬迴的功能也可能會因正常的老化過程而受損，就像老花眼是所有人老化之後視力下降的正常現象。

到目前為止，我們還沒有準確的檢驗方式，可以準確區分海馬迴退化是阿茲海默症的初期階段或正常的老化，但這個情況即將有所改變。研究人員正在努力完善新發展的腦脊液蛋白檢驗，它能偵測阿茲海默症的組織異常現象：人類大腦中出現的蛋白質堆積狀況，稱為「類澱粉蛋白斑塊」（amyloid plaque）和「神經原纖維纏結」（neurofibrillary tangle）。以上檢驗的準確程度依然在評估階段，但是已經開始進入臨床實驗。

要找出海馬迴功能出問題的原因，究竟是阿茲海默初期症狀所造成或自然老化的現象，有另一個方法是來自上一個世紀對於海馬迴的發現，而這個發現問世之後，也讓神經病理學家開始使用神經元染色技術，觀察人類的大腦。更為現代的研究檢驗工具已明確地知道，海馬迴由不同類型的神經元構成，而這樣的神經元叢位於獨立但彼此相連的區域。因此，**海馬迴不是單一的腦部結構**[4]**，應該視為大腦的電路或迴路（circuit），而海馬迴的所有不同區域則是電路中的「節點」（node）**。海馬迴的各個區域就像神經元組成的小島嶼，大小只有幾平方公釐，而為了能在活著的病患身上具體觀察到海馬迴神經元，我們需要使用的掃描儀器必須具備亞毫米的解析能力。我的實驗室最為人所知的創新之一，就是大腦磁振造影掃描儀器的最佳化調整擁有強化的解析度，目標就是偵測個別海馬迴區域的功能異常。使用這種儀器，我們發現雖然阿茲海默的初期階段和正常的老化都會影響海馬迴，但兩者是分別影響不同區域的海馬迴。

多年之後，上述的顯影檢測技術已經開始用於評估數百人的情況，也是唯一可以準確區分阿茲海默初期症狀與正常老化的技術。我相信，我們很快就會有足夠的知識，能分辨究竟是疾病還是老化的原因。但是，我們進步的速度，對於理解卡爾的病情來說，依然不夠快。然而，即使缺乏關鍵的工具，盡可能提供準確的診斷仍是醫師的義務。

在卡爾下一次的門診時間，我已經取得所有的檢驗結果，並與他誠實地討論前述兩種情況的可能性，還有在這個階段，我的臨床診斷傾向於認為他的記憶力衰退來自於正常的老化，不是阿茲海默症的初期症狀。同時，我也向卡爾解釋了無法準確判斷的困難之處，以及目前研究技術的情況和局限。

卡爾隨即發揮了自己的法庭辯論本領。他用一連串的快速問題向我提出交互詰問，質問我是如何提出自己的結論，甚至描述我的知識極限。「什麼是記憶？」他問：「記憶如何形成？海馬迴的功能是什麼？」

無論你要將這個情況稱為《塔木德》（*Talmudic*）律法爭論（我在以色列長大時，在「授業座」[5]初次接觸的情景），或是蘇格拉底式的爭論，也就是形成科學論述基礎的討論方式，我都不介意。事實上我很喜歡，尤其雙方是以邏輯清晰且追求知識真理的態度在爭論的時候。卡爾爭論的方式有一種敲鑼打鼓的律師式幽默，有助於我們的討論。舉例來說，卡爾聽到亨利．莫萊森的案例時，他揚起眉毛，興高采烈地思忖當初那位神經外科醫師有沒有因為剝奪病患的記憶能力，而遭到提告求償。

雖然卡爾因為我無法確定病因而產生十分合理的不悅，但是，他也很高興得知我不認為他罹患了阿茲海默症。很自然地，他的下一個問題就是：如何治療因認知能力老化所產生的記憶力損失。

在生物科學領域中，我們有另外一個更廣義的問題，就是：應不應該投入資源治療老化過程中自然發生的現象。相關的反對論述認為，難道我們不應該專心處理阿茲海默症，因為阿茲海默症是一種真正的疾病，而且會造成更嚴重的結果？

改變生活型態的介入療法，有效嗎？

我曾經與來自製藥產業的朋友有了衝突，因為我在一九九九年的一場採訪中，針對上一段談到的問題提出質疑。我發表探討認知老化的前幾篇論文之後，美國有線電視網（CNN）邀請我參加節目。我在節目上隨意地向採訪者提出一個過於煽動的問題：我們應該開發「人類心智使用的威而鋼嗎？」而這個問題也成為該次採訪內容的標題。而在隨後的二十年，我開始研究認知老化的神經生物學，因為更重要的是，我看見了認知老化產生的個人與社會結果，也協助我找到這個問題的答案。

二〇〇九年，有人請我協助安排一場關於認知老化的論壇，與會來賓包括生物倫理學家，以及美國食品藥物管理局（U.S. Food and Drug Administration, FDA）的代表。在這次的論壇以及後來舉行的論壇會議中，都形成了一個結論：發展介入治療方式，處理因為老化所造成的正常記憶衰退，確實是合理而且有充分理由的，因為它可以有意義地影響民眾的生活。現代生活在認知上更為複雜，而且比以往要求更多的認知能力。正如發展閱讀用的眼鏡，甚至是老花眼手術，都是正確而且有充分理由的醫學行為，想要修正認知老化，在生物倫理上也是正確的行為。

我支持以上的觀點，但我依然相信比起藥物治療，藉由改變生活方式的介入治療，例如行為與飲食習慣，更適合治療認知老化。**認知老化發生在我們所有人的身上；正如全球民眾的預期生命週期延長了，認知老化也成為全球傳染疾病**。因此，如果我們確實能找到有效的生活型態介入治療方式，比起藥物，更能確保所有人都能平等地使用。相較於藥物，改變生活型態的介入治療方式，對於人類大腦的生物影響較為輕微，也因此更適合應對認知老化這種比較不嚴重的病理生理問題。

我的實驗室和許多其他的相關實驗室[6]一直都在研究「運動」與「飲食介入」治

療方式對於認知老化造成的效果，而有些實驗室也在研究認知運動的效果。雖然我們確實有理由懷抱希望，相信飲食介入治療以及認知運動能改善認知老化，但是，在這個階段，唯有體能鍛鍊符合臨床推薦方式的最低標準，因此我也向卡爾提出這個處方。我猜想卡爾更希望獲得處方藥物，所以我已經做好準備，迎接卡爾另一次友善的交互詰問，而我認為他的質問是合理的，畢竟，運動無法完全治療認知老化。卡爾可能是因為我不認為他罹患阿茲海默症而感到輕鬆，或者欣賞我坦率地承認自己作為醫師的專業知識有限，他很滿意我提出的處方。「很好。」他用一種自我解嘲的順從口吻說：「我太太會很高興。她一直都很擔心我的體重。」

我也建議卡爾繼續來看我的門診，進行臨床追蹤。由於缺乏有診斷效力的檢驗結果與醫學上的確定性，追蹤卡爾的認知能力與臨床情況是否隨著時間改變，是確認或反駁我的診斷結果的最佳方法。為此，卡爾決定參加記憶障礙中心提供的數個研究計畫。第一個計畫是由美國國家衛生院（National Institutes of Health, NIH）資助成立的觀察研究，計畫內容是隨著時間經過，針對病患進行反覆的神經心理檢驗和磁振造影檢驗。第二個計畫則是在卡爾生命結束之後的大體解剖。我向卡爾解釋道，這是唯一可以絕對明確得知他臨床診斷的方法，額外的益處則是人體大腦組織是重要的研究目標。卡爾立刻同意參與，並用一種歌唱旋律的方式表達他「為了科學」捐贈大腦的熱情。不過，我立刻明白了這就是卡爾的典型反應，在虛張聲勢的歌唱旋律之中，其實藏著令人意外的暗自擔憂：他擔心自己的孩子與孫子。如果解剖結果顯示卡爾確實罹患了阿茲海默症，他害怕自己的基因會影響孩子與孫子。

卡爾每六個月就會出現在我的問診室。他永遠穿著體面，永遠都在等候室來回踱步，看見他，永遠都會讓人覺得高興。從營養品到瑜伽，他提出自己讀到的所有記憶增強技巧，並詢問我的意見，也經常帶著新聞剪報作為相關證據。我希望保持心胸開放，謙卑地承認神經領域的無知，因此我總是仔細思考卡爾的建議，下載並閱讀宣稱相關技巧或方法可以提高記憶力的宣傳文章。有些文章確實比其他文章看起來更為可信，但沒有一篇文章符合正式臨床建議的標準。不過如果卡爾找到的方法不會傷害人體，我就會建議卡爾試試看，並且讓我知道後續的效果，結果，沒有任何一個方法能成功增強記憶力。不過其中令人驚訝——但其實也不那麼令人驚訝的是：在這些方法中，卡爾很喜歡冥想，最終使他一直保有冥想的習慣。

卡爾維持了每半年一次的臨床評估，直到十一年之後，他因為心臟疾病過世。在認知功能上，卡爾的海馬迴功能異常現象，亦即記憶力下降，只有輕微的惡化，從來沒有擴散至大腦的其他區域，更不曾造成深層的記憶力損傷或失智症。因此，卡爾的情況符合最初的診斷結果：**正常的認知老化現象，沒有任何疾病問題**。

卡爾的解剖報告確認了最終的結果。解剖完成之後，我搭乘兩次電梯往下前往位於醫院地下二樓的密閉病理學檢驗室，和一位神經病理學家一起觀察卡爾的大腦樣本切片。在那個時候，我已經研究人類大腦將近三十年，也認識眼前這個大腦組織十一年了。無論研究人類大腦多久，都沒有辦法減輕實際看見一位認識的人在死後所留下的大腦時，內心浮現的敬畏：無論這個樣本盤其中藏著數億個神經元、無論突觸的連結何其細緻、無論神經元網絡的結構何其華麗，沒有任何程度的知識，能彌補樣本盤與該生命之間的差異。

那位神經病理學家當然不認識卡爾，也無法明白我看著鍾愛的病患變成眼前模樣時，在知識上與情感上的震撼。卡爾的大腦樣本切片經過縝密的解剖之後，冰冷地被放在不鏽鋼盤上。那位神經學家就像檢驗肝臟或腎臟的切片，不帶絲毫情感、一片又一片地檢視著卡爾的大腦樣本，最後從中選擇了幾片用顯微鏡觀察。在卡爾曾經炙熱運轉的海馬迴或充滿活力的皮質層之中，神經病理學家沒有發現任何證據顯示有類澱粉蛋白斑塊或大量的神經原纖維纏結。因此，卡爾並未罹患阿茲海默症。

為什麼大腦需要「遺忘工具箱」？

即使是在卡爾的巔峰歲月，他的記憶力也從來不是完美的。我在某次看診中發現卡爾對於文學的喜愛，於是送他一本收錄〈博聞強記的富尼斯〉的《小說》選集。他非常喜歡這個故事的寫作手法，也明白故事表達的重點，但依然覺得〈博聞強記的富尼斯〉只是一篇探討人性傲慢的狡猾寓言。卡爾認為圖像記憶是一種超級能力，也堅持認為圖像記憶是值得追求的。我則是相信，隨著新興的遺忘科學研究，以及卡爾死後超過十年來的關鍵研究報告，能協助我說服當年那位喜好辯論的朋友明白，圖像記憶其實是一種詛咒。相關的研究開始探索主動處理自然的常態遺忘現象的神經元和突觸，究竟有何種分子機制。相較於比較古老但我們更熟悉的記憶科學，新的研究結果形成了有趣的對比。經過十幾年的研究，古老的記憶科學相信，樹突棘的成長是記憶神經元的特色。

遺忘科學研究領域的第一波研究報告顯示，遺忘的神經元特質就是單純地扭轉記憶：縮小樹突棘，或減少樹突棘的數量。因此，可以合理地假設遺忘是記憶失能，記憶的樹突棘成長工具出現了被動的鏽蝕。這類型的遺忘可能出現在正常的老化過程中（也就是卡爾的情況）或阿茲海默症，而這兩者都屬病態遺忘；不過，常態遺忘不符合以上的描述。過去幾年的新研究觀點[7]已經發現一組完全不同的獨立分子，這組分子與常態遺忘有關係，就像不同於負責樹突棘成長的另外一個分子工具箱。「遺忘的工具箱」打開之後，其中的工具就會謹慎地切除樹突棘或者縮小樹突棘。

發現大自然讓人類同時擁有「主動記憶」的工具箱以及「主動遺忘」的工具箱之後，很顯然地反駁了常見的觀點：認為遺忘只是記憶力出現問題。但是，這個發現不一定代表常態遺忘就是有益的現象，雖然那是一種十分吸引人的潛在錯誤結論。畢竟，大自然也給了人類盲腸，因此很有可能，處理遺忘的工具箱缺乏有益處的功能，只是來自某個古代時期的退化遺緒。比起「有益的古代遺傳」更糟糕的情況，則是遺忘工具箱在這個相對充滿豐富認知與變化萬千的新環境中，意外成為了有害的機制。或許，只要人類的演化過程趕上了新的認知環境壓力，就能依照獨特的緩慢演化節奏，擺脫看似造成所有人困擾的遺忘工具箱。好比我們可以演化為電腦的雲端儲存裝置，我們的心智成為無限的記憶儲存空間，永遠都不會遺忘。

遺忘，是演化下來的認知禮物

但是，近年的研究結果顯示，事實上，分子中的遺忘工具箱具備良好的用途，給予我們一種鮮明的優勢，能完美地契合這個複雜的世界。**遺忘是一種認知的禮物。**原本我們對於突觸的動態可塑性之理解，是人類大腦有經驗地改變神經元的連結強度，不過隨著相關研究的陸續發現，這個理解得到了擴展。正如汽車引擎或任何複雜的動力系統，突觸的可塑性同時需要油門（加速）以及煞車（減速）。樹突棘的減少由遺忘工具箱主導，而遺忘工具箱遵守和記憶工具箱相同的兩個規則；但是，遺忘工具還有自己的規則，就是扭轉記憶。相較於樹突棘的成長，也就是一個神經元收到同步的資訊輸入時啟動的過程，樹突棘減少的主動過程，則是隨著時間經過，輸入的資訊產生不同步的現象，或者神經元接收新的資訊輸入，取代了更早的資訊。正如資訊工具箱緩慢但明確地孕育樹突棘，遺忘工具箱也謹慎地減少樹突棘。

遺忘工具箱的好處在動物模式研究中最為明確，特別是蒼蠅與老鼠，因為這兩種動物在遺忘工具箱中的特定分子，都可以進行選擇性的操作，也可以觀察實驗對象產生的行為結果。雖然，這種類型的分子操作很顯然地基於倫理因素，無法在人類身上執行，但正如我在本書最後幾章提出的討論內容，人類發生的意外基因突變也能透露出相關的線索。

動物無法說話，所以我們不可能準確地知道動物有沒有意識記憶突然在腦海中「跳出」的經驗，但我猜想任何養寵物的飼主都會相信這件事。無論如何，神經生物學家已經設計了精密的行為研究方法，就像人類使用的神經心理檢驗，藉此評估實驗室動物的複雜記憶。所有動物的神經元看起來幾乎完全相同，最重要的突觸也是如此。由於相似的程度過高，即使非常有經驗的神經生物學家，也會難以區分蒼蠅、老鼠，以及人類神經元或突觸之間的差異。所有生物在神經元中都有相似的分子組合，而這些分子組合通常是蛋白質，負責處理細胞的結構和功能。毫不令人意外的，在所有動物的神經元中，記憶工具箱和遺忘工具箱的關鍵分子幾乎完全相同。因此，如果在動物模式研究中，使用特殊的分子工具關閉造成遺忘的分子，避免產生常態遺忘，又會發生何種結果？答案是認知與情緒的浩劫。與此相對，啟動造成遺忘的分子之後，動物的認知與情緒反應都獲得了改善。更準確地說，正如本書將一再仔細說明的觀點：**正常的記憶與正常的遺忘應該和諧地運作，平衡我們的心智，**

我們才可以用健康的方式接觸有時可能造成傷害的混亂環境。

在生命面前，我們都是學生。我現在對於遺忘有了更好的認識，我很難過自己沒有機會向卡爾解釋新興的遺忘科學教導我們的觀點：卡爾的心智很幸運，能夠得到遺忘的力量。但我說的不是他在人生晚年體驗的惡化遺忘，而是卡爾在年輕歲月中體驗的遺忘。

沒錯，如果一個人的頭腦擁有過目不忘的記憶力，確實更適合用來引述棒球統計數據以及詩詞的內容；沒錯，如果一個人的頭腦擁有過目不忘的記憶力，可以在永恆不變的世界中出類拔萃，好比演員比爾．莫瑞（Bill Murray）在電影《今天暫時停止》（*Groundhog Day*）中的角色，他穿梭在時間循環的固定環境中。過目不忘的頭腦，就像放在法律檔案庫的侵權紀錄，容易查詢，並成為永恆的記憶，但也永遠無法遺忘傷害。正如我們在下一章即將要討論的內容，擁有過目不忘的頭腦，將會陷入如何悲慘的痛苦，在生活中無法實踐任何有意義的人生。

第二章

靜謐的心智

自閉症與人工智慧演算法

「佛萊迪（Freddy）剛開始就讀小學一年級，他很喜歡在走去學校的路上唱歌。」以上是他的母親第一次帶著兒子前往小兒科看診時的溫柔描述。

也許，她是為了建構自己的防衛來因應這次看診的真實目標，或者希望說服自己，即使兒子出現了特定的行為，但沒有任何問題。倘若真是如此，她的偽裝很快就消失了。在她提出另外一些看似充滿希望的描述之後，例如，佛萊迪擁有極為傑出的記憶力，不只能記住歌曲，也可以記住數字。她淚眼汪汪地描述兒子最近的行為變得無法控制，嚴重影響家庭和學校的生活。

佛萊迪平常是一位乖巧可愛的小孩，但只要發現移動的路線和環境出現任何能感知的變化，就會突然變得暴躁。家中書櫃上某本書的位置如果稍微有了變化，就足以引發佛萊迪的不滿，倘若沒有立刻將書本歸位，他會馬上發脾氣；佛萊迪的移動路線幾乎成為一種儀式，因為他頑強地要求日常移動路線必須保持完全相同，如果他的母親想要走另外一條路前往學校，佛萊迪會立刻怒火中燒，粉碎母子手牽手一起唱歌的美好時光。

佛萊迪的主治醫生是小兒科醫師李奧・肯納（Leo Kanner），他稱佛萊迪為「弗里德里希」（Fredrich）[1]。肯納從二十世紀中葉開始就在約翰・霍普金斯醫院（Johns Hopkins）執業，並開始發現其他年輕孩童的家長提出相似的主訴模式，而這些孩子的年紀全都介於四歲至八歲。

例如，另外一位病患查理（Charlie），如果家中的餐桌沒有每天晚上都保持一模一樣的擺設方式，就會大發脾氣，唯有在銀製餐具完全依照查理的記憶方式擺放時，他的家人才能好好地坐下吃飯；蘇珊（Susan）因為家中牆壁上出現一道新的裂縫而感到焦慮，完全無法動彈，但那道裂縫如此細微，家人根本完全沒有發現；理查（Richard）最明顯的頑固堅持是就寢方式，他堅持必須完全一致地反覆完成就寢前的步驟。

肯納醫師日後被稱為小兒精神治療之父[2]，他蒐集了個案研究資料並彙整成兩篇開創性的著作，描述一種新型的小兒科病症。

第二篇研究報告出版於一九五一年，標題是〈兒童早期自閉症的整體與個別症狀概念〉（The Conception of Wholes and Parts in Early Infantile Autism），內容描述肯納發現的核心病徵，也就是後來世人所知的「自閉症類群障礙」（autism spectrum disorder）。

「自閉症的孩童希望活在靜止不動的世界，他們無法接受任何的改變。」肯納寫道：「（孩童擁有一種）過於固執的渴望，希望保持完全相同……必須不惜一切代價保持現況。」或許是一種巧合，不過波赫士恰好在與肯納相近的時間，撰寫了那本神經病學領域的科幻小說，講述創傷引發的圖像記憶如何造成故事中的反英雄富尼斯，同樣有「保持不變」的固執渴望。而肯納則寫道，當罹患自閉症的孩童看見或聽見不同於「宛如照片般精確的記憶內容與細節」時，就會變得激動憤怒。

類化能力與記憶彈性

大多數的人在經過熟悉且放滿書籍的書櫃時，鮮少會留意到其中某本書不見，或者被另外一本書取代了，這就是所謂的「見林不見樹」。而在以上的例子中，則是見櫝不見書，也是心理學家有時候所說的「類化」（generalization），這是一種認知能力，允許我們從個別的元素中萃取普遍的規律模式，將個別的元素綜合化，整合至整體。肯納假設，相較於上述提到的典型認知能力，也就是各個元素可以輕易地重新建構，並且被視為一個整體，罹患自閉症的孩童則會過於執著個別元素。

正如富尼斯的情況，佛萊迪與其他被肯納診斷為罹患自閉症的孩子，都有傑出的記憶力，但主要是一種特定類型的記憶力，而且缺乏綜合化的聯想特質，有時被稱為「機械式記憶」（rote memory）。比如，聽過一次之後，就能記住一首歌的歌詞和旋律，或者一次就能背誦一連串的數字，都是機械式記憶的例子。

肯納醫師並未清楚說明「任何類型的記憶」和「能從個別元素中看見整體能力」之間的關係，不過對於影響心智運作的方式，文學上的洞悉能力反而往往早於科學研究在其相關領域的知識：波赫士就明白記憶必須被常態遺忘平衡，才能讓一個人獲得認知上的類化能力。

年輕的富尼斯缺乏常態的遺忘能力，所以無法將任何一種類化的感官經驗，連結至下一個。比如，他不能明白自己在晨光中看見的那隻狗，以及他在黃昏中看見的那隻狗，其實是同一隻狗。沒有遺忘的能力，讓富尼斯發現自己唯一能夠逃離生命持續變動的方法，就是將生活變得規律，躲藏在陰暗、安靜，永遠不會改變的房間中，讓感官的負擔最小化。

不過，科學現在已經趕上文學的腳步。新興遺忘科學的研究人員已經證明，波赫士科幻小說的基礎隱含假設確實存在：**人類仰賴常態遺忘**[3]**，才能達成認知的類化。**科學不只是確認了波赫士的假設，科學更開始解釋為什麼健康的認知需要遺忘，以及遺忘又是用什麼方式達成的。

研究動物模式的科學家仰賴老鼠和蒼蠅的研究，藉此證明並解釋波赫士的假設。然而，研究自閉症的臨床科學家也提出更好的認識，讓我們理解心智如何受益於遺忘，而遺忘又如何協助我們在認知上面對變化萬千的世界。許多臨床科學家堅持將各種不同的自閉症彙整為疾患群，因為他們假設自閉症沒有統一的病原。有些人，包括各種關於家庭的組織在內，則是提出一種論點，主張自閉症甚至不是一種疾病，只是人類正常社交技巧中的極端變體。

無論自閉症究竟是疾患群、單一疾患，或者根本不是疾病，近年來的基因研究已經找到一組可信的基因，發現在罹患自閉症的人身上，這組基因產生了異變。在這組基因中，有許多基因會成為遺忘功能的分子工具箱，卻有害於人類的常態遺忘。從神經生物學的角度來看，這個發現解釋了肯納對於自閉症的觀點：許多罹患自閉症的人絕望地在生活中尋找一致性，就是為了減少引發焦慮的認知錯亂。

以上的研究有助於解開常態遺忘現象中最深刻的謎題：為什麼遺忘有益於人類的認知；畢竟，遺忘刪除了我們大腦中的資訊，而不是增加。

假設今天早上你在自己的床上醒來，而不是在異鄉的新家，你今天的許多行為都會取決於你現有記憶的彈性程度。事實上，你的行為更深刻地仰賴於自己的記憶彈性程度，而不是皮質層記憶能力，也不是皮質層中樹突棘的數量與大小，更不是海馬迴能否將新資訊儲存在皮質層的記憶空間。

關於昨天的記憶已經稍微改變了，舉例來說，你在早上的日常行為、日常通勤路線、與同事之間的互動，或者和家人在晚餐時的互動，都是在展現行為的彈性空間。我們很容易就能想像，如果自己的心智沒有任何彈性，我們將會承受何種程度的痛苦。無論我們的生活規律程度如何，**現有記憶的持續改變，是適應急速變遷世界的關鍵；正如最優雅美麗的房屋改建是結合建設與破壞，人類大腦處理行為彈性的最佳方法，就是平衡記憶與主動遺忘**。

在第一章，我們看見神經生物學區分了兩種不同的分子機制：記憶與遺忘。現在，科學家能在動物模式研究中使用實驗工具，讓他們控制記憶與遺忘迴路的節點。也就是說，科學家有能力啟動或關閉實驗動物的記憶或遺忘，藉此測量不同的操作對於動物行為的影響。舉例而言，如果一個動物正在學習最快逃離迷宮的方法，科學家顯然必須「啟動」動物的記憶，並提高記憶能力，因為更好的記憶能力可促使動物更快學習迷宮的複雜程度和逃脫路線。

待動物精通最快的路線之後，研究人員可以稍微改變迷宮的設計，如此，動物必須學習另外一種稍微不同的路線。在學習另外一條逃脫路線時，修改對於原始迷宮的現有記憶，會比重新開始形成新的記憶更有效率。你可能會假設提高記憶力可以幫助動物學習另外一條路線，但實際上，在各種行為彈性的研究案例中，學習替代路線的效率和速度，都更為仰賴遺忘的能力。啟動遺忘的節點，但不要改變記憶的節點，可以更快學會熟悉迷宮的替代逃脫路線。因此，行為的彈性就像雕刻大理石[4]，真正有用的鑿子其實是遺忘。

再次重申，在分子的層次，從蒼蠅、老鼠，到人類，所有動物提高記憶和遺忘的機制都是相同的。我們有相同的分子工具箱，可以藉由樹突棘的成長提高記憶能力，同時透過讓樹突棘萎縮而遺忘。雖然在動物模式研究中發現遺忘對於促進行為彈性的益處，但人類始終可能是一個特別的物種。如果想要確認遺忘是人類保持行為彈性的必要條件，其中一個方法就是尋找由於先天基因而失去遺忘能力的人，藉此判斷失去遺忘能力是否影響了他們的行為彈性，倘若確實影響，又是以何種方式影響。自然世界孕育了廣大的多樣性，讓我們有機會觀察自閉症患者。

分子生物學

我第一次見到丹尼爾．格斯溫德（Daniel Geschwind）醫師是在一九九〇年代初期，他現在已經是全球首屈一指的自閉症研究專家。當時，我正在加州大學洛杉磯分校的醫學中心進行內科實習，丹（丹尼爾的小名）則是在這裡擔任神經醫學住院醫師的第一年。

在邁向神經病學家的學術道路上，他領先我一年。雖然丹留在加州大學洛杉磯分校，我後來前往美國東岸的哥倫比亞大學完成學業，但我們一直都維持著一生的情誼，從職業生涯的早期開始，我們對於人類的大腦就有共同的簡括觀點：我們相信所有的人類行為，無論何其複雜，都可以簡化至像積木一樣的細胞和分子。此外，我們也都有一種超越科學的懷疑論精神、一種喜歡諷刺的特質。經常有人告訴我們，這種特質跟荒謬之間，只有一線之隔。

丹的頭腦喜歡思考數據，這種喜好有助於他在大學時主修化學以及攻讀醫學博士，他完成了以人類基因為主題的研究。這種教育背景使他對於基因的化學構成和功能，有了十分深刻的理解，但讓這個人或者他的研究脫穎而出的，則是其他原因。等到丹開始接受高等教育時，「基因革命」已經有數十年的基礎，也解開了一個神祕的過程：藏在每個基因之中的密碼如何被「表現」以創造主導所有分子功能的蛋白質。在醫學上，基因革命也讓我們發現「基因突變」，亦即個別基因出現問題，是如何導致罕見的遺傳疾病，例如「鐮狀紅血球貧血症」（sickle cell anemia）。然而，這種醫學發現主要局限於「簡單的」基因遺傳疾病。每個細胞都有超過兩萬個基因，因此在這個脈絡中，所謂「簡單的」是指單一基因突變就足以造成疾病，而「複雜的」疾病則是起源於大量的小型基因問題與眾多環境因素。

丹進入基因研究領域時，已經開始使用新的工具，可以同時研究數千個基因功能，將基因領域的研究範圍延伸至複雜疾病的分子生物學。丹在知識上的傑出過人之處在於他有一種優秀的能力，可以結合並且彙整大量的資訊，形成許多統一的概念，讓丹和他的研究計畫得以獲得成功。丹是基因研究領域的其中一位開拓者，不過他並未專注在單一基因的功能或失能，而是設計了新的研究方法，釐清數百個基因如何在基因網絡中和諧地運作。感謝這些研究人員的付出，我們現在可以探索數百個具備自身細微影響的基因錯誤，是如何在複雜的基因疾病中共同引發基因脈絡的功能問題。

如果一個人的頭腦可以結合大量複雜的資訊，我認為他也能適應生命的複雜。我一直認為丹有能力成為一位傑出的生活導師，但如此一來，醫學領域就會承受巨大的損失，因為丹的醫學研究職業生涯可能因此衰退。

回到我們都還是加州大學洛杉磯分校醫院實習醫師的那段時間，雖然彼此年齡相仿，但丹似乎很早就明白了人生是怎麼一回事。他擁有快樂的婚姻關係，住在加州聖莫尼卡高級社區的一間西班牙殖民風格大屋，正門有著棕櫚樹，綠意盎然的後院則是種植了九重葛。反觀單身，而且名下只有一只皮箱的我，在加州威尼斯海灘租了一間搖搖欲墜、年久失修的房子（不過我在實習的最後一年結束時遇見了未來的妻子，這就是為什麼雖然我是一位眾所皆知的紐約客，卻始終鍾情洛杉磯的其中一個原因）。多年來，我和丹一直保持激烈的東岸與西岸之爭，關於高等教育（特別是神經科學教育）、關於餐廳以及藝術場所、關於洛杉磯的陽光休閒氛圍以及紐約充滿靈魂熱情的季節。

自閉症是因為腦中的特定區域出了問題嗎？

然而，丹顯然贏得了其中一個爭論。我一直主張，無論腦部疾病造成的外顯病徵何其複雜，比如：阿茲海默症的失智、思覺失調的精神錯亂、帕金森氏症的行動癱瘓，腦部疾病在影響更大的區域之前，必定會瞄準其中一個特定區域；這個被稱為「結構生物學」（anatomical biology）[5]的基礎原則，引領了我的學術研究。結構生物學的概念最早在十九世紀時發展出現，而在二十世紀獲得了證實。這個概念是假設每個大腦區域儲存了獨特的神經元群，因此，每個大腦區域都有可能受到特定疾病的選擇性攻擊。

藉由使用縝密的神經成像工具標示疾病的早期階段，我的實驗室應用結構生物學的邏輯，辨識了不同的分子問題，從而區分了阿茲海默症與認知老化，並且對症進行治療。另外，人體的選擇性區域疾病脆弱也被記載於許多其他的複雜疾病，好比各種神經疾病，例如帕金森氏症、亨丁頓舞蹈症，和路．葛瑞格症（漸凍症），以及精神疾病，例如思覺失調與憂鬱症，以上這些疾病都會在初期階段攻擊大腦的特定區域。

因此，早期和丹討論自閉症時，我堅持無論自閉症最後的外顯行為何其複雜，都應該遵守結構生物學的原則：大腦中必定有一個區域是自閉症的起源結構，就像爆炸的原點。然而，丹不同意我的觀點。現在，經過數十年的刻苦研究，神經成像技術應用至許多自閉症患者身上，經歷了他們的生命週期，我願意承認自己當初的立場不太可能成立。顯然，丹一直都是對的。由於自閉症完全沒有影響人類的整個大腦，且無論在任何情況之下都不會如此，因而反駁了我當初認為有一個特定的大腦區域會受到自閉症攻擊的觀念[6]。

丹的突破性基因研究，最後展現了另外一種類型的選擇性攻擊：不是大腦區域受到選擇性攻擊，而是神經元。丹與其他實驗室的研究成果顯示，幾乎所有與自閉症有關的神經網絡基因表現出的蛋白質[7]，都會在神經元的一個特定區域運作：樹突棘。人體區域受到疾病攻擊的基礎假設認為，只要能找到受到疾病攻擊的區域，就能夠提出一個問題：「為什麼是這個區域？」因此，人體區域疾病攻擊的基礎假設也相信，如果可以找到「為什麼是這個區域」的答案，或許就能理解任何一種腦部疾病的運作機制。因此，突變的蛋白質究竟在樹突棘做什麼？研究結果顯示，其中一個與自閉症有關的基因網絡集中趨勢（central tendency），就是它破壞了人類遺忘能力的分子路徑：無論是以平均或群體情況而言[8]，**自閉症患者的遺忘控制節點都被關閉了**。

因此，常態遺忘的減少可以解釋「為什麼有一些自閉症患者擁有非比尋常的機械式記憶」，有時甚至被稱為「學者症」（savantism）。「學者」這個詞用於描述某個人擁有異常的認知能力，而在自閉症的情況是機械式記憶，就像演員達斯丁·霍夫曼（Dustin Hoffman）在電影《雨人》（*Rain Man*）中的角色。少數的神經成像研究[9]比較了有學者症的自閉症，以及沒有學者症的自閉症，其中絕大多數的研究都顯示，出現學者症的自閉症患者其特定皮質層區域較大；在這個皮質層中，神經密度最高的區域就在皮質層的中央樞紐附近。然而，學者症展現的記憶類型不同於海馬迴功能卓越所展現的記憶。

請讀者回想，海馬迴的功能是結合複雜事件的多重元素，再分配至多重的皮質樞紐，形成新的意識記憶。請閉上雙眼，回想童年時期的臥室。我們必須感謝海馬迴，腦海才會跳出當年房間的三度空間，所以你可以在腦海中改變自己的視線，可能是依照順時針方向觀察書桌，回憶當初很討厭的家庭作業，或者是用逆時針方向觀看床單的圖案。你抬頭時可能會看見老舊的燈光裝置，或低頭時看見地毯上有一塊熟悉的褪色（以及褪色背後的故事）。

在認知空間中的回憶漫步是意識記憶最重要的特徵，而海馬迴用物體和時間連結了場所，藉此建構意識記憶。但是，自閉症展現的異常記憶不是這種意識記憶。

事實上，如果真的要說，自閉症患者在仰賴海馬迴功能的記憶檢驗中，通常表現較差[10]。異常的機械式記憶與意識記憶截然不同。請讀者再次閉上雙眼，在內心想著一張單字清單，以 t 開頭，並且用 o 作為母音。假設你想到的其中一個英文單字是「工具」（tool），此時你不需要回憶的認知空間，例如車庫，也可以想到這個英文單字；也不需要任何聯想，例如具體想像一根鐵鎚，或者想起某個剛好是木匠的朋友。換句話說，機械式記憶不需要聯想回憶，也不需要重新啟動多重的皮質中央樞紐。藉由皮質層的圖書館館員，也就是前額葉皮質層，單字會自動出現在你的腦海中，就像機械運作，彷彿你正在背誦一張冗長的清單。據說，像是「工具」這樣的名詞，在人類的認知上，比「雖然」（though）這種介係詞更容易留在腦海中，因為名詞更容易與特質以及時間空間有關的事件產生聯想。因此，名詞可能會在海馬迴的協助之下，更容易進入單字清單。

事實上，記憶術專家常見的技巧，就是在被要求展現機械式記憶時，善用海馬迴建立的記憶。他們就像記憶的魔術師，能在一次的嘗試之中迅速記住數十種物品，其方法就是以所有物體為核心，建構一個人造的認知空間：一種人造的劇場，將物品連結至想像的場所，而這個場所也盡可能地放滿所有的物品。但是，這種海馬迴的特殊技巧不是大多數人記住日期、事實，以及單字的方法，當然也不是自閉症學者症的運作方式。機械式記憶仰賴皮質層中央樞紐的功能，不像聯想記憶，機械式記憶幾乎不需要海馬迴的運作。

機械式記憶這種強化的認知技巧或許令人著迷，也會創造某些好處，但是，大多數的自閉症患者都沒有學者症。所有自閉症患者的共同症狀是行為缺乏彈性——「反覆性與限制性的行為」是判斷病患是否罹患自閉症的臨床必要條件。這個現象讓我們想起富尼斯從未離開自己的房間，自閉症患者出現行為缺乏彈性的其中一個理由，亦即為什麼佛萊迪堅持要走同樣的路線上學、為什麼理查堅持完全相同的就寢前順序，可能與他們的遺忘能力受損有關，他們用來雕刻記憶的鑿子已不再銳利，所以他們無法處理儲存在皮質層的既有記憶。

此外，動物研究也支持上述的詮釋。在動物研究中，當基因受到操控後，與自閉症有關的許多基因[11]（亦即屬於遺忘工具箱的基因）改變會造成樹突棘成長，減少遺忘能力。一旦動物的遺忘能力受損，就會出現採用相同路線逃脫迷宮的強烈傾向，正如佛萊迪想要用同樣的路線前往學校，即使另外一條路線有更多益處。

再認記憶

雖然常態遺忘能力的缺陷，能解釋部分自閉症患者之所以出現行為缺乏彈性的原因，但仍無法完全解釋自閉症患者對於「相同性」（sameness）的執著。如果你的遺忘能力，也就是雕刻記憶的鑿子變鈍了，學習新的回家路線速度就會變慢，你可能會因而感到沮喪，因而傾向於不要改變。但是，大多數的人最後都會適應；如果改變行為是有益的，最後必然會適應。多數的孩子即使處於情感容易激動的童年時期，依然不會堅持相同性，而有些罹患自閉症的孩子則是用憤怒的方式展現他們的堅持。

所以，必然有其他的關鍵原因，正如肯納的說法：讓自閉症的孩童在相同性之中尋求慰藉，才能解釋為什麼小小的改變就會引發他們的焦慮。事實上，對於我們的認知能力而言，遺忘還有另外一個更重要的益處，可以更充分地解釋為什麼自閉症患者需要相同性。這種認知能力不像協助形塑記憶並提高人類的行為彈性如此明顯，而是潛藏於深處，唯有在這種認知能力消失時，我們方能領略。在波赫士筆下的虛構角色，其失去遺忘能力之後最令人驚訝的結果，就是失去在認知上的「類化能力」。無論是一隻狗，還是他反覆看見的任何物體（即使是在鏡中看見自己），他的心智都會將每次的認知記載為全新的物體，而且擁有獨特的分類。

確實，隨著日間光影的改變，不同的物體會在視覺皮質層中投射出不同的資訊，但多數人的心智都能輕鬆地推估為「相同的狗」或「相同的人」。然而，失去了遺忘的能力，富尼斯也失去了類化的能力，無法萃取事物的「要點」（gist）或「型態」（gestalt），由此可見，**類化是人類最強大的認知能力之一，而這個現象也解釋了自閉症患者為什麼需要相同性。**

老鼠和蒼蠅的實驗，已經用最明確的方式證明了遺忘對於行為彈性的重要性，電腦科學則是用最好的方式證明了遺忘在人類類化能力中的角色。請你開始瀏覽自己儲存的數百張數位照片，尋找三張擁有相同長相的照片。即使每張照片的視覺資訊不同，你的心智依然可以立刻辨識那個人的長相。不同的光影改變了臉龐的顏色；不同的拍攝角度改變了臉龐的形狀；不同的髮型、帽子、眼鏡，或者有沒有化妝，都會改變那個人的長相特徵。儘管如此，你的大腦仍可以計算並且辨識「相同的那個人」。

當電腦演算法的設計開始大量借用人類大腦的運作過程之後，人工智慧（AI）的資訊處理過程就產生了變化。人臉辨識成為人工智慧的一個主要發展領域，因為人臉辨識不只有助於Google的搜尋，尋找藏在照片庫的某個人，也可以幫助執法。電腦的演算法開始模仿人腦如何組織資訊的流動、處理，以及儲存，因而使得人工智慧中的人臉辨識也獲得了極高的提升。

人臉辨識是「再認記憶」（recognition memory）的其中一個例子，在記憶的程序上不同於「回憶記憶」（recall memory）。所謂的「再認記憶」是你看見一個以前曾經學過的事物，然後單純地回答你是否能夠辨識（再認）它。突觸的可塑性讓我們能在視覺皮質層的樞紐中辨識他人的長相；換言之，想要辨識一個人的長相，不一定需要海馬迴，因為你不需要把多重的中央樞紐連結至多重元素的意識記憶。不過，如果病患的腦部傷害部位是海馬迴，例如亨利．莫萊森，當看見過去曾經認識的長相時，他們會有意識地否認自己曾經見過那張臉。但是，如果他們被迫猜測對方是誰，通常都會提出正確的答案。因為在視覺皮質層的輻射資訊處理過程中，也就是從下皮質層樞紐將資訊送往中央樞紐時，病患的突觸可塑性依然正常。雖然病患並未進行有意識的回憶，也就是沒有連結樞紐的處理步驟，但他們依舊可以做出無意識的辨識，證明他們依然能保留資訊，並將其儲存在樞紐中。

最成功的人臉辨識電腦運算法[12]，是以人類大腦視覺皮質層的輻射運作過程作為基礎模型。在這種類型的運算法中，人類的臉部會先被解構為個別的構成元素，而每個部分元素則是會在演算法的低層次運算樞紐進行編碼。演算法的低層次運算樞紐等同於人類視覺下皮質層樞紐，主要是針對顏色和形體進行編碼，接著再到高層次的運算樞紐匯集，重新建構個別的臉部特徵，直到人臉辨識運算串流的最高級樞紐可以「看見」完整重建的臉。電腦運算法的每個層次就像人類大腦的神經元，由運算網絡的輪幅構成，彼此相互連結，進行臉部個別特徵的編碼。事實上，電腦科學深刻地受到神經科學的影響，所以運算法中的每個節點——也就是位於眾多節點構成的程式矩陣，而矩陣構成了運算法的其中一個層次——其正式名稱就是神經元。**換言之，演算法的人造神經元也遵守了自然神經元的突觸可塑性原則。**

從臉部照片（mugshot）辨識一個人的能力，無論對於人類或人工智慧而言，都是非常繁瑣的工作。十九世紀攝影技術進步，使得這種專門用來被製成搜捕檔案的臉部照片出現了，而臉部照片的發展背後有一個隱藏含意，是關於人臉辨識的挑戰。臉部照片拍攝的角度、光線，以及背景都是固定的，目標就是為了讓人類的眼睛和心智更容易辨識。毫不令人意外，電腦的演算法可以輕鬆地在臉部照片的資料庫中尋找特定的臉孔。但是，正如我們對於自己經常提出更多要求，我們對於電腦的要求當然也會增加。電腦的人臉辨識成為諜報電影的陳腔濫調，一臺超級電腦可以在擁擠的人群中拉近視角，找到特定的「關鍵人物」：在任何類型的光線中，無論那張臉孔是不是因為恐懼而扭曲、流露著邪惡的笑容，甚至是帶著假髮或者假鬍子。人工智慧的臉部辨識能力確實正在提高，但是，人類心智辨識臉部的能力依然更勝一籌，所以電腦（還）沒有在國境管理或機場安全部門取代人力辨識。

人工智慧的演算法也需要學習遺忘？

為了理解人類卓越的臉部辨識能力，請讀者思考，視覺處理串流中的下皮質層樞紐是如何處理臉部特徵，舉例來說，嘴巴。看見同一個人的不同照片時，下皮質層神經元必須辨識數千種變項：微笑或陰沉、嘴巴的左邊或右邊叼著香菸，或者有沒有擦口紅。下皮質層的資訊處理必須有足夠的運算能力，才能適應感官資訊處理過程中出現的多重可能性。就像行為彈性，高階的記憶能力理論上可以協助建構感官資訊處理過程的運算彈性，但是，數百萬種變項必須已經事先建立。ＩＢＭ的超級電腦「深藍」（Deep Blue）之所以能擊敗西洋棋大師加里・卡斯帕洛夫（Garry Kasparov）的其中一個原因，就是深藍擁有巨大的記憶能力，可以儲存所有可能的棋步。獲勝的可能棋步是有限的，所以能儲存在超級電腦的記憶空間，然而，如果主題是辨識臉部圖樣，人類大腦的能力絕對更好。假設我們可以在大腦處理嘴巴資訊的樞紐中增加足夠的樹突棘，以應對超級電腦的記憶儲存空間，舉例而言，讓大腦的樞紐能夠儲存所有已知的口紅顏色，如此一來，由於感官資訊處理串流已經有足夠的彈性適應潛在的無限小型變項，即使某個人的嘴唇塗抹了往後才會出現的新型口紅顏色，人類的大腦樞紐依然有能力辨識。

電腦科學讓我們理解人類究竟如何辨識人臉。藉由測試不同的演算法，電腦科學家已經明白，增加更多的記憶空間（等同於在人類大腦中增加樹突棘的數量），不會改善人臉辨識或者相關能力。相反的，**想要在人工智慧中創造宛如人類的計算彈性，更有效率的方式是強迫演算法增加遺忘的能力。**在電腦科學中，這種類型的遺忘能力[13]有時候稱為「退出」（dropout），意思是特定的演算法層級會被迫減少用於處理腦部特徵的人造突觸數量，也就是在數位運算中，創造人類具備的常態皮質層遺忘能力。

為了理解遺忘如何協助我們辨識人臉，請讀者想像，我們現在用高解析鏡頭將畫面拉近至一個人在照片中的嘴部。請留意你可以看見的細節，有意識地記住那個人下嘴唇的所有皺紋，以及上嘴唇上方遺留的鬍髭。如果你的大腦嘴部運算樞紐擁有足夠的樹突棘，就能用一點又一點的精準方式，儲存這張照片的所有資訊。倘若你擁有這種程度的嘴部圖像記憶，只要看過一次，就可以回憶並且重建畫出（但前提是你有相關的藝術表達能力）準確的嘴部圖案，就像某些自閉症患者展現的機械式記憶技巧。電腦科學已經讓我們明白，雖然這種記憶能力可能是一種了不起的成就，但必須為此付出極大的代價：犧牲運算的彈性和類化的能力。由於你的心智過度執著於最微小的細節，這會使得資訊處理停滯在下皮質層樞紐，導致上皮質層樞紐的資訊處理過程受到阻礙，降低人臉重建與辨識的速度，如此一來，即使只有細微的小變化，你的心智也將無法辨識相同的嘴巴。

電腦科學家已經知道如何克服以上的問題，答案就是避免演算法擁有高度的圖像記憶能力。藉由在電腦運算串流的所有層次上，都建立主動的遺忘能力，如此，就能確保電腦的演算層次只會記錄並且儲存一個人臉部特徵的主要特質，而不是所有細節。由此可見，遺忘是必要的能力，才能讓所有的樞紐儲存剛好足夠的資訊，從而辨識和類化所有的臉部特質，最後處理好完整的人臉長相。

「見林不見樹」的重要性

由於自閉症類群障礙包含性質不同的病症，且其病徵也會不斷改變，因此在眾多分別研究不同時期自閉症病徵的情況下，關於自閉症的行為研究難以達成共識。話雖如此，大多數的自閉症行為研究都確認了自閉症患者的感官資訊處理特色就是：傾向於下皮質樞紐[14]，導致見樹不見林的情況，也符合「特定的電腦演算法如果沒有在低層次串流運算中整合遺忘能力」時會出現的結果。以上的心理研究，確認了肯納醫師的臨床直覺，他認為自閉症患者「有一種對於物體元素的執著」。

相關研究中最優雅的其中一個[15]，則是受到十六世紀文藝復興晚期藝術家朱賽佩．阿爾欽博托（Giuseppe Arcimboldo）的啟發，他用水果、蔬菜，以及花朵作為元素繪製人類的肖像。在阿爾欽博托的視覺沙拉饗宴中看見的人臉錯覺，其實就是利用了人類視覺處理串流的感官整合能力；也就是說，人類傾向於將各個部位元素整合為整體。這種能力非常強大，所以我們經常以為自己在雲朵、岩層，甚至汽車的進氣孔中看見了人臉。

研究人員創造了一系列的刺激變項，在盤子上擺放了不同的水果和蔬菜組合。然而，研究設計的效果不如阿爾欽博托的畫像，我們觀賞他的畫像時，總是會看見人臉，但研究設計的不同刺激，與人類相似的程度也各有不同。研究人員將受試組分為罹患自閉症的孩童，以及沒有罹患自閉症的孩童。平均而言，罹患自閉症的孩童在刺激變項中看見人臉需要的時間更久。研究人員對於辨識時間較久的解釋，認為罹患自閉症的孩童執著於盤子上的每個物體，導致他們的心智較晚將各個部位元素整合至一個整體。

你也可以嘗試擺放盤子裡的食物，重新創造該研究的刺激變項，就能理解該實驗的精神。將一顆草莓放在白色圓形盤子的中央，也就是鼻子的位置；在草莓的左右兩側上方各放上一根紅蘿蔔作為眼睛，而草莓的下方則是一片三角形的甜瓜作為嘴巴；兩片蘋果皮在紅蘿蔔的上面，當作是眉毛。拍下照片之後與其他人分享。如果你擺放的方式正確，這個「食譜」應該可以讓幾乎所有人的大腦視覺皮質層看見一張臉孔。

現在，隨意弄亂盤子中的食物，或者取出其中一些食物，改變盤中食物的臉部相似程度，再拍下照片。雖然很困難，但請選擇其中一張最有可能讓大多數人辨識出人臉的照片，可能是取出草莓，或者是讓其中一片蘋果皮被紅蘿蔔或甜瓜取代。將這張照片給不同的朋友觀察，記錄他們各自辨識人臉的時間長短。以最快時間辨識出人臉的那位朋友，他下皮質視覺皮質層樞紐中的樹突棘數量應該是最少的，而辨識人臉速度最慢的朋友，他的樹突棘可能就像魔鬼沾一樣密集，才會降低將個別元素整合至整體的速度。

另外一個比較古老的研究[16]則是使用現實生活中的刺激變項，測量受試者完成拼圖的時間。為了理解該研究的精神，請讀者想像我將數百片拼圖隨意放在桌子上。第一個進行方式是保留拼圖的外包裝紙箱，紙箱上有完成後的拼圖全貌圖片，讓你可以用這個「完整的整體」圖片作為指引完成拼圖；另外一個進行方式則是沒有紙箱。顯然的，你將會因為看見拼圖的完成模樣而受惠，能在第一個進行方式中更快完成拼圖。

這個研究結果顯示，平均而言，相較於沒有罹患自閉症的人，自閉症患者受益於看見紙箱的程度更低。事實上，有些自閉症受試者，無論有沒有紙箱上的圖片協助，都會用相同的時間完成拼圖；他們的完成方式是一片接著一片，一個部位接著一個部位，似乎無視於整體的圖片。對於一些自閉症患者而言，即使看見了森林，他們依然執著於樹木。

另外，也有一些心理學家延伸利用[17]自閉症患者「過度專注於個別部位，因而犧牲整體感受」的特質，用於解釋診斷自閉症的另外一個必要臨床症狀：「在社會互動與社會溝通中出現持續的問題」。一個人的社交行為也取決於「模式」（pattern；與圖像是同一個字，用於抽象行為的認知時，翻譯為模式）的認知，但社交行為的模式，來自於和你互動的人持續投射的社交行為線索。也就是說，**必須綜合廣泛的社交行為線索，才能辨識那個人的社交意圖，而不是綜合臉部特徵藉此辨識人臉**。比如，對方的笑容是真的友善，或者是出於禮貌？對方的語氣是真誠的，還是諷刺的？你的心智演算法如何在一開始解構複雜的社會線索，並隨後重建一種對於普遍社交行為的詮釋，而這類細緻的差異將會影響你的回應。

一來一往的互動是社交的本質，而參與社交對話的能力，將會決定其他人認為你是否善於社交。想要具體描繪人類的大腦在處理持續湧入的社交刺激因素時，會出現何種運作方式確實更為艱難，但是，這個運作方式很有可能是依循處理臉部特徵的輻射運作。因此，自閉症患者在腦部處理感官資訊流動時可能出現的偏差現象，也解釋了他們在處理社交互動時可能遭遇到的困難。

唯有記憶與遺忘取得平衡，才會有健康的心智

匯聚了電腦科學的啟示以及自閉症患者的病況之後，我們現在可以理解遺忘是為了讓人類有更好的能力記錄外在世界，也可以辨識外在世界的重現。為了達成類化的目標，人工智慧與人類天生的智慧都必須仰賴遺忘：藉由每個構成部位重建整體，所以我們可以建構範疇與分類，即使事物用無限的方式出現各種細微的變化。

哲學家可以爭論[18]我們的心智如何忠實地重新建構，宛如鏡子一般反射外在世界；魔術師則是持續利用這種天生的力量，引導我們藉由同時聽見和看見的事物，重新建構錯誤的認知圖像。無論如何，大多數的人都希望自己可以有意識地確定早上看見的狗與傍晚看見的狗，確實是同一隻狗。偶爾出現的驚喜確實很棒，例如發現早上的狗與晚上的狗其實不是同一隻。但是，請想像如果你看見、聽見的所有事物一直都是「驚喜」，到了某個階段，無止盡的驚訝和畏懼將會造成精神上的混亂和不適。

請回想你是否曾經參與一個盛大熱鬧的活動，你可能在那次的活動中體驗太多無止盡的新感受。對我而言，這種活動就是跨年夜前往紐約的時代廣場。一開始，我很享受廣場上的喧嘩、明亮閃爍的燈光，以及現場所有的混亂與新意，但是到了最後，這樣的經驗變得令人不適，甚至引發焦慮。回到熟悉的安靜小公寓之後，我才終於可以放鬆。在永遠不會消退的刺激與平靜穩定的熟悉之中取捨，你就能夠明白，為什麼皮質層遺忘能力受損的人更渴望獲得相同性。類化能力來自於皮質層的遺忘能力，讓我們可以獲得更好的組織與分類，如此，才能妥善地安排與處理喧囂擁擠的外部世界，因為我們只能用「構成部分」的方式感受外在世界。

正如荷黑．路易斯．波赫士的簡潔描述：「思考是忘掉差異、進行類化，並且萃取抽象的概念。」自閉症讓我們看見如果記憶與遺忘失衡，亦即遺忘能力受損而出現的問題，生命將會變得何其艱困。就像肯納醫師的臨床觀察：「自閉症孩童展現了一種特定類型的執著，迫使他們專斷地假設環境應該是靜態且不會改變的。任何的環境改變都會導致他們覺得茫然，引發嚴重的不適。病患在相同性中找到安全感，但這種安全感很脆弱，因為改變將會持續發生，自閉症的孩童因而受到恆久的威脅，只能緊繃地阻擋對於自身安全感的威脅。」

在一個不會流動的世界，沒有遺忘能力的心智或許可以健康茁壯。但是，我們現在已經知道，**「遺忘和記憶的平衡」才是面對流動、有時狂暴洶湧，以及變化萬千的世界時，最理想的方式**。感謝上蒼，在記憶—遺忘的光譜上，我們所有人都有一定程度的遺忘能力。因為沒有遺忘能力的心智，可能會全面停滯，甚至產生一種無可忍耐的渴望：想讓世界變得扁平，並執迷於讓世界變得完全相同。

第三章

解放的心智

創傷後壓力症候群

尤瓦爾・內里亞（Yuval Neria）醫師在哥倫比亞大學精神病學系主持創傷後壓力症候（post-traumatic stress disorder, PTSD）研究計畫，他曾是以色列軍隊中評價最高的其中一位軍人，榮獲極為罕見的勇氣勳章，也就是以色列軍隊的最高殊榮，因為他在「贖罪日戰爭」（Yom Kippur War）擔任坦克部隊指揮官，戰功卓越。我第一次見到尤瓦爾是在二〇一一年，當時他剛加入哥倫比亞大學的教職行列，但我在年輕時就已經知道他的大名。我在以色列長大，於一九七〇年和家人移民到美國，在那個時候，戰爭英雄是以色列的名人。

尤瓦爾被延攬加入哥倫比亞大學不久之後便和我聯繫，想要合作研究創傷後壓力症候群與記憶之間的關聯。由於他在軍事成就上的威名，我其實不確定我們的合作會有何種結果。但是，我們第一次見面時，我發現尤瓦爾其實就是以色列人有時會提到的「黃金」以色列人；在這個脈絡中的「黃金」並非「浮華耀眼」或「性急無禮」，就像某些人對於以色列人的刻板印象。事實上，所謂的「黃金」以色列人的意思恰好相反。我在以色列長大時，「黃金」是指一種非凡的特質，亦即對於人文主義與憐憫同情有著深刻的理解，並結合謙遜與靜謐剛強的人格。回想起來，其實當初我發現尤瓦爾擁有這種特質時，根本不應該驚訝。我向任何一位以色列朋友提到尤瓦爾的時候，他們都會提醒我，別忘了尤瓦爾結束著名的軍旅生涯之後，成為草根運動組織「追求和平」（Peace Now）的共同創辦人，這個組織的主要目的是協調以色列人與巴勒斯坦人長達數十年的衝突。另外，尤瓦爾受到戰爭經驗的啟發寫了一本小說，並也因為戰爭，尤瓦爾產生了對於生命承受創傷苦難的智慧，並利用這個智慧，建立了他在小說中傳達的準確心理學觀察。

尤瓦爾知道我的實驗室已經開發了研究人類記憶結構的合適磁振顯影工具，但是，他完全不曉得我在以色列長大。待我告訴他之後，我們對於「人類的記憶和痛苦的情感如何連結至大腦」的科學討論，往往都會偏離主題，朝向彼此的個人關懷以及以色列，或者說「故土」（the land）——這是希伯來文中對於以色列的說法。土生土長的以色列人經常向我這樣的移民提出一個常見的問題，用來作為建立彼此以色列真實情感的方法，而這個問題就是「我們是否曾經在以色列軍隊中服役」，倘若有，又是在何處服役。尤瓦爾詢問我時，我的答案是「我曾經服役」，服役單位則是戈蘭連偵查部隊（Sayeret Golani），該部隊是以色列軍隊的特種部隊。在大多數與其他人的對話中，關於我的軍旅生活都能愉快地結束，不會更進一步。但是，尤瓦爾非常熟悉戈蘭連偵查部隊最有名的行動之一：博福特堡（Beaufort Castle）戰役，他想知道我是否曾經參與此次行動，而我確實參與了。

躲在荒謬諷刺背後的創傷

博福特堡位於黎巴嫩南方，建立於十字軍東征年代，矗立在高聳的山壁之上，能眺望以色列的北方國境。一九七〇年代，以色列北方加利利（Galilee）地區的農民、學童，以及其他公民經常成為博福特堡火箭攻擊的目標，而其中大多數的受害者都是以色列人；博福特堡已經不再是一座「美麗的城堡」（美麗的城堡是博福特堡在法文中的意思）。一九八二年六月六日清晨，以色列國防軍發起第一次黎巴嫩戰爭。

我們的部隊在前一天晚上就被派往黎巴嫩擔任前哨軍，負責攻下博福特堡，代表我們必須控制敘利亞突擊部隊的眾多駐點壕溝。博福特堡的壕溝在建造時，藏著許多致命的細節：狹窄的通道、異常高聳的水泥牆壁、複雜的迷宮地形以及藏在其中的碉堡，壕溝外部則是配置了機關槍以及火箭榴彈發射器。壕溝戰代表近距離的槍戰以及猛烈的爆炸，通常是最令人膽顫心驚的戰鬥類型之一，那天晚上在博福特堡的戰役也是如此，戰況極為慘烈可怕；事實上，戰役結束之後，我一直拒絕仔細回想那天夜晚的血腥細節。

關於那場戰役的眾多資訊早已公諸於世，但是尤瓦爾似乎知道更多內情。我猜想，他可能與某些軍隊將領依然保持聯繫，從他們身上獲得了內部資訊。到了某個時間點，無可避免地，由於尤瓦爾本身的經驗以及他的臨床醫學訓練背景，加上我們都加入了學術領域，因此一起研究創傷後壓力症候群之中的記憶：尤瓦爾問我，我本人或者我在軍隊中的朋友是否承受了創傷後壓力症候群。雖然很難相信，即使社會大眾已經開始注意創傷後壓力症候群，我本人也有醫學訓練背景，但我和軍隊同袍從未討論這個話題。每次相聚，我們必定會談到當初的痛苦回憶，但我們的反應更像是面對苦難時才有的「絞刑架下的幽默」（gallows humor）[1]。

雖然我們並未一起發誓保密，然而，我們都有一種普遍的共識：不只是那場戰爭的細節，還有我們在隨後數個月的經歷，最好只有彼此知道。在尤瓦爾的催促之下，我聯絡了幾位軍隊同袍，他們同意讓我分享特定的戰後記憶。當時，那場戰爭激烈地進行，但是我們的部隊完成少數幾次的特殊行動之後，就被下令回到位於以色列北部的基地，等候進一步的指示。我們那時候很安全，與軍隊的其他人員隔離，部隊的同袍一起生活在宛如壓力鍋的地獄邊境，隨時等候任務指派。我們住在長方形的水泥軍營，四周圍繞著高聳的尤加利樹，那裡是英國年代留下的建築。地下室已經被以色列軍隊翻修改建，成為軍方的菁英學校，教導偵查、特種武器、自衛，以及殺人。感謝上蒼，我們沒有接到新的任務，幾個月之後，義務服役時間即將結束，我們順利退伍。

然而，我們當中有許多人在軍旅生涯的最後幾個月出現了行為變化。在那場戰役之前，部隊中沒有任何一個人有嚴重的酗酒或服用娛樂性用藥（recreational drug；在那個時候，無論酒精還是藥物，都不盛行於以色列的年輕人）的問題。在那段時間，我們開始第一次沉溺於威士忌和伏特加，我們將酒瓶偷偷地藏在軍隊配發的灰色金屬置物櫃。另外，部隊中的某些人開始嘗試大麻，還有一些少數喜歡爵士樂和閱讀文學作品的隊員，在寫作的時候開始大聲高歌美國爵士歌手約翰·柯川（John Coltrane）的音樂，或者上演我們自認的荒謬諷刺劇。部隊的指揮官以為我們只是在嬉鬧玩耍，我們也是這麼想。然而，在某一次的荒謬諷刺劇中，有人用以色列國旗包著身體進行猥褻行為；當時，軍隊的領導高層開始擔憂了。我依稀記得他們曾經討論要讓軍隊心理醫師過來，結果則是不了了之。在那個時候，創傷後壓力症候群還不是許多人知道的疾病，我們都將自己的行為歸咎於壓力。

與尤瓦爾分享那次的記憶時，或許是在潛意識中想要隱藏羞愧，因為我從來不曾處理如此明顯的臨床問題；我表示，自己不清楚創傷後壓力症候群的正式診斷標準。尤瓦爾流露心領神會的微笑，提出專業的判斷標準。不久之後，我聯絡服役時最親近的兩位朋友，一起回顧當時的行為是否符合診斷標準。我們用一種詭異的抽離方式檢閱判斷標準清單，彷彿我們正在填寫客戶服務問卷調查。後來與尤瓦爾碰面時，我向他提到自己的「發現」。

創傷後壓力症候群，通常出現在創傷事件之後的幾個月，相關症狀有四個主要的分類。其中一個分類是「迴避創傷事件」；除了聚會時提到之外，我們確實盡可能地逃避。尤瓦爾告訴我，這種行為在由戰爭引發的創傷後壓力症候群中十分常見，也是軍隊同袍典型的互動。另外一種症狀分類則是「慢性否定自我與世界」，對於未來感到憂鬱和沒有希望。事實上，我們三位軍中同袍都被家人認為很憤世嫉俗（我們當然不同意！），但沒有一個人覺得自己淒涼且沒有希望。第三個分類著重於「情感的反應」，舉例而言，感受危險的時候容易過於震驚並且引發極度的警戒狀態，這種情緒狀態可能造成失眠或者憤怒。我們發現，我們都不喜歡看煙火，因為煙火會引發我們的不適。另外，我們三個人進入公共的密閉空間，例如戲院或體育館時，也會無法控制地立刻尋找緊急出口位置。然而，以上的行為看起來很平常，似乎不屬於病態現象。

最後一個分類與本書的關聯最大，就是所謂的「消弱」（extinction）能力出現問題；**消弱是一個心理學名詞，意思是遺忘創傷的能力**。正如尤瓦爾的解釋，這個分類在診斷時最為重要，也會驅動大多數的其他症狀。這個分類的重點是創傷事件出現「侵入的」（intrusive）或者反覆的痛苦記憶：接觸到某些能回想起創傷事件的事物時，產生一閃而過的過往畫面、惡夢，以及嚴重的情緒痛苦。我們三個人雖然對於那次的戰役有著鮮明的痛苦回憶，回憶也依然在夢中徘徊，但戰爭的記憶並未造成我們的情緒困擾，似乎不符合消弱能力消退的標準。

創傷後壓力症候群最終的診斷標準，取決於以上特定的症狀，或全部的症狀是否能夠獲得臨床證實，以及臨床證實的嚴重程度，也就是說，相關症狀是否對於生命造成損傷。即使採用最嚴格的自我批判方法，我們三個人也不符合臨床檢驗的標準。我們都有快樂的婚姻，擁有自認成功的職業發展生涯與家庭生活。因此，雖然我們三個人都接觸了明確的創傷事件，對於血腥殘忍的細節也因而產生了無法抹滅的記憶，但是，在尤瓦爾的評估中，我們沒有任何一個人罹患或者曾經罹患了創傷後壓力症候群。那麼，為什麼我們沒有罹患創傷後壓力症候群？為了回答這個問題，我們必須檢視大腦的情緒記憶運作方式，特別是負面的情緒如何成為記憶網絡中的一部分。

杏仁核如何影響記憶中的情緒？

我們已經看見大腦如何形成新的記憶，以及不同的感官元素如何連結為記憶；不同的皮質層串流如何處理不同的元素，最後在獨特的中央樞紐進行編碼；皮質層的中央樞紐又是如何與海馬迴相互連結，而海馬迴在形成記憶的過程中連結許多中央樞紐，將中央樞紐整合至記憶網絡。下一次，你意外遇見認識的人時，不妨留意一下記憶的機制。看見那個人的時候，相連樞紐的神經網絡啟動，認出對方的過程就像小石頭丟入水中，幾乎可以感受到漣漪般的波紋：那個人的名字浮現了，相關的感官細節也會出現，就像更為龐大的記憶之網。另外，請留意記憶通常都會有情緒的顏色，如果你過去與這個人的情緒經驗是負面的，那麼情緒的色彩就會更為鮮明，而且立刻浮現。在某些情況中，情緒的構成元素可能是霓虹色，與記憶之間具備強烈的連結關係，甚至在記憶的許多感官細節恢復色彩成為注意焦點之前，你已經重新感受一次記憶的內容了。

情緒的記憶，特別是負面的情緒記憶，有一個明顯的益處，就是協助我們適應世界。是的，因為我們生活在「繁華蜂鳴」（blooming and buzzing）的複雜世界；這個描述來自美國心理學之父威廉．詹姆斯（William James），用於描述年輕孩子的嶄新心靈開始處理大量湧入的感官資訊時，必定會產生的混淆感受。但是，繁華的世界有刺，蜂鳴的世界螫人；**記住某個人是友是敵、記住面對某個特定的情況時必須害怕逃離，都是人類生存的必要。**在一個肢體暴力較少的世界，人類雖然不會立刻面對死亡的風險，但記憶的情緒元素依然有助於在社會上生存，所有的中學生都能夠證明這個道理。

察覺危險是生存的基礎能力，所有生物都建構了敏感的危機探測器，並連結至細緻的內在安全系統。哺乳類動物的大腦演化了一種極為精緻巧妙的安全系統，由「下視丘－腦垂體－腎上腺軸」（Hypothalamic-Pituitary-Adrenal Axis）進行刺激。當危機探測器發揮功能時，位於腦幹深處的下視丘會刺激腦垂體，將特定的化學物質釋放至血液中，引發腎上腺釋放皮質醇和腎上腺素等荷爾蒙，這種「壓力荷爾蒙」讓身體處於紅色警戒，指揮各個系統準備戰鬥、撤退，或者介於兩者之間的策略型態。

在大腦區域中，對於壓力荷爾蒙最有反應的是杏仁核。正如海馬迴，我們也有兩個杏仁核，其形狀就像杏仁，位於皮質層的下方（也就是「皮質層下」）。杏仁核實際上是神經系統的「中央指揮官」，負責處理已經察覺的威脅，利用縱橫大腦的連結關係，整合所有相關的資訊，並且監督、指揮，以及動員人類安全系統的所有部門，也會連結至下視丘－腦垂體－腎上腺軸。藉由建立關鍵的封閉迴路，杏仁核可以在有需要的時候提高放大警示訊號，就像大喊「紅色警戒！紅色警戒！」，引發人類的緊急行動。

如果事實資訊是在皮質層的中央樞紐進行處理與編碼[2]，那麼，我們可以將杏仁核視為皮質層下的中央樞紐，負責處理與編碼情感資訊。就像皮質層的樞紐，皮質層下的樞紐也連結至我們的記憶導師海馬迴，因此，屬於皮質層下的情感資訊，將會和關於事實的資訊整合至新成形的記憶。杏仁核以這種方式淡化記憶的事實，比如物品、時間，以及地點，並染上情緒的色彩。事實證明，杏仁核在噴灑關於不快樂、恐懼、憤怒，或悲悽記憶的色彩時，其調色板的顏色最為鮮明。有一句諺語曾說：「快樂的文字是白色。」（Happiness writes white）原本的意思是幸福與快樂的文字是平淡的，不像悲傷痛苦的事件在故事中顯得鮮豔，而這句話不只在小說世界是真的，在人類的大腦中也是如此。

重歷其境的暴露療法

部隊成功攻下博福特堡之後的幾個月，部隊的將領決定替逝世軍中同袍的家人舉辨戰場巡禮。我推測他們的本意是為了紀念同袍。然而，現在回想起來，讓家屬進行戰場巡禮，其中包括死者的年輕手足，還要讓他們越過炎熱的國境，進入敵方領土，前往依然染血的戰場，似乎是錯誤的舉動。不過我猜想這種令人混淆的決定其實不算罕見，尤其對於飽受戰爭的國家而言，戰鬥已經滲透至他們的民族精神特質中，每個世代都經歷過戰爭，或者知道自己未來可能也會參

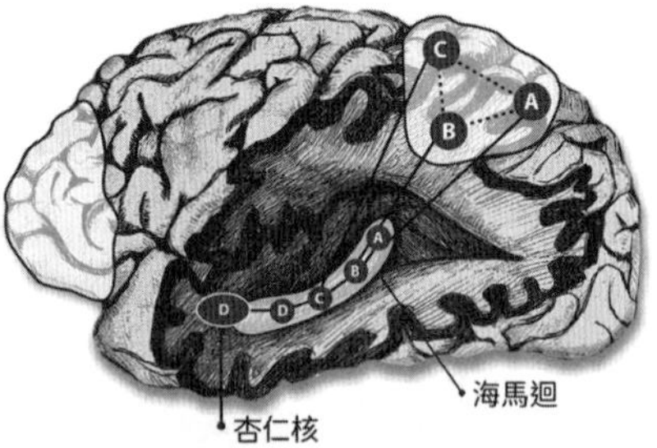

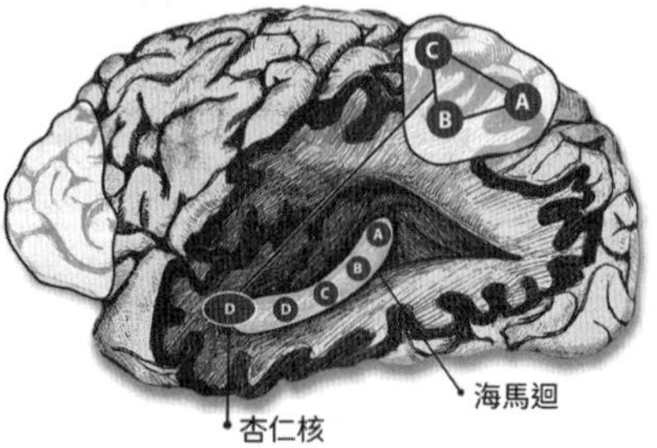

▲ 杏仁核與記憶的情緒 ▲
上方是海馬迴的訓練過程，下方則是完成訓練之後。

與戰爭。我們平靜地在戰場漫步，建於中世紀的城堡，其恐怖的幽影已經逐漸散去，終於獲得它本應該成為的歷史旅遊勝地。

在日光的照射之下，戰鼓聲消失的壕溝看起來就像乾燥缺水的運河。利塔尼河（Litani River）吹來溫暖的東風，過了一個炎熱的夏日，城堡周圍的灌木染上了塵沙。我們禮貌地回答家屬的問題，他們用一種詭異的正式口吻，詢問關於那場戰役的問題，彷彿不問就會汙辱了戰死士兵的榮譽，或者讓家屬被誤解為漠不關心。我們的回答很謹慎，但不完整。我們都有一個默契，認為某些細節最好沒有人提起。

戰役發生的幾個月之後，我們又回到了這座城堡——這個在我們的海馬迴與杏仁核記憶中烙印火紅色的地點。毫無疑問的，關於那個被詛咒的夜晚，完整的記憶網絡再度啟動。雖然有些坐立難安、胃部不適，但我們並未因為記憶而癱瘓，也沒有出現任何高度焦慮的病徵。顯然的，自然的常態遺忘已經開始發揮效果。

你可以翻閱學校的畢業紀念冊，尋找當初校園霸凌人物的照片。你的情緒反應雖然還是負面的，但很有可能因為時間的經過而受到壓抑：我們在第一章描述的常態遺忘機制確實有其正面的效果。反之，如果自然的常態遺忘能力有問題，就可能出現精神病態現象：恐懼症以及其他的焦慮症狀，例如創傷後壓力症候群。在這種類型的症狀中，記憶網絡的完整力量會重新啟動，引發被強化且使人喪失行為能力的情緒反應。假設方才提到的校園霸凌人物，即使在數十年之後，依然在你心中引起負面反應，而且是完整的，或者說至少是與在校園時相似的情緒反應，亦即你再度感受到當初完整的恐懼；又或是，照片重新啟動了你在反擊的那一天感受到的暴力，如此一來，你仔細思考的能力，無論是現在或當時，都會被殘忍的憤怒所蒙蔽。

我這種研究大腦運作機制的臨床醫學專家，現在就能探索上述的現象發生時，究竟是哪一個腦部區域出現問題。有可能是因為所有的記憶網絡過度活躍：儲存霸凌人物長相、姓名、事件時間，以及事件地點的皮質層樞紐，加上皮質層下的樞紐，在記憶中灌輸關於當時戰鬥反擊或逃跑的鮮明色彩；也有可能是因為少數幾個樞紐在數年之後變得過度相連。此外，我們甚至必須考慮海馬迴可能是相關精神病態現象的結構起源。在一般情況中，想要喚醒數十年的老舊記憶不需要使用海馬迴，但在「過多記憶」導致的精神病態現象中，海馬迴可能保持異常狀態而且呈現慢性的過度活躍，從而引發記憶網絡的超載狀態。

近年來的腦部功能顯影研究顯示[3]，雖然所有的恐懼或創傷事件都有不同的細節，但**人類情緒遺忘能力受損的結構起源區域，通常都是皮質層下的樞紐：杏仁核出現慢性的過度活躍與過度反應**。我曾經聽說有一些已經失去聯絡的軍中同袍，確實出現某些可以被視為創傷後壓力症候群的病徵。這個現象引發一個有趣的問題：為什麼接觸相同的創傷事件之後，有些人會罹患創傷後壓力症候群，有些人不會？接觸相似的環境風險時，許多因素都可能讓某些人比其他人更容易出現疾病，比如，吸菸和心臟疾病。同理，創傷後壓力症候群的情況也是如此。

在分子的層面，創傷後壓力症候群可以歸納為杏仁核神經元的功能問題，原因顯然是慢性的過度敏感和過度反應。與第一章描述的機制相似，杏仁核的神經元也有突觸可塑性以及成長樹突棘的能力。樹突棘的體型愈大，成長密度愈高，神經元就愈容易因為接收刺激而產生反應。有一種說法可解釋為什麼特定的杏仁核神經元承受了病態的樹突棘成長，而其他的杏仁核神經並未如此：病態成長的杏仁核神經元以不正常的速度反覆接收紅色警戒訊號的刺激。這個現象導致樹突棘的成長速度提高，直到某個分水嶺才結束，而到了這個階段，神經元就已經永久地進入一種慢性過度敏感的病態現象；在神經學的研究中，有時候將這種現象稱為「痙攣反應」（spastic response）。

至於治療創傷後壓力症候群的常見方法[4]，是利用自然的常態遺忘機制，重新調整杏仁核，讓杏仁核恢復正常的活動模式。這種治療方法背後的邏輯就是「暴露療法」（exposure therapy），作法是讓病患在良好的環境中反覆接觸引發焦慮的刺激因素，從而恢復病患自然的常態遺忘機制，藉此取代過度敏感的慢性長期狀態。如果單純的暴露療法無法解決問題，深度的心理治療可以解開創傷記憶，因為創傷記憶可能與其他充滿情緒的記憶相互糾結，進而持續刺激杏仁核。此外，認知行為治療也會有效果，它能幫助病患理解經常造成錯誤詮釋或過度誇大情緒訊號的錯誤思考模式。上述的介入治療方法都是為了削弱記憶的傷害力、關閉記憶的警告訊息，並且放鬆痙攣的神經元——雖然我認為富有經驗的心理介入治療實踐者，可能會反對我如此化約式的分子詮釋。如果有必要，行為治療方法通常會搭配藥物，減少杏仁核的活動頻率，就能更進一步地恢復自然的常態遺忘。

自嘲與黑色幽默的作用

尤瓦爾和我討論為什麼某些軍中同袍和我本人，都沒有承受創傷後壓力症候群的時候，他對於戰役結束之後，我們的情緒依然極為強烈的那幾個月特別有興趣。我們當時住在部隊的基地，一邊倒數自己退伍的日子，一邊「發洩」壓力。在那段時間，是否有任何事物可以預防我們罹患創傷後壓力症候群？其中一個可能的原因，尤瓦爾發現我們原本滴酒未沾的大腦突然接受了酒精的刺激，而酒精可以減少杏仁核的活動。基於相當顯而易見的理由，臨床上是不會建議病患大量攝取酒精，但對於我們當中的某些人而言，在那段特別脆弱的時期，剛從戰場回來，酒精或許真的會有所幫助。目前，研究人員正在測試[5]其他藥物在控制良好的臨床環境中，是否有助於改善創傷後壓力症候群，其中包括亞甲二氧甲基苯丙胺（Methylenedioxymethamphetamine, MDMA）[6]以及中樞神經迷幻劑（LSD）。

在那個時候，我們沒有任何人服用毒品，但確實有些人開始抽大麻。大麻包含一組非常有趣的化學物質，主要是四氫大麻酚（Tetrahydrocannabinol, THC）以及大麻二酚（cannabidiol, CBD）。人類大腦有特殊的四氫大麻酚接受器，而使用大麻會刺激杏仁核。抽大麻有時引發的恐懼和焦慮可以追溯至杏仁核，因為四氫大麻酚接受器很有可能以更高的密度遍布在杏仁核上。人類的大腦雖然沒有特定的大麻二酚接受器[7]，但是大麻二酚可以連結其他接受器，壓抑杏仁核的活動。我的軍隊同袍中可能有人對於四氫大麻酚比較不敏感，對於大麻二酚比較敏感，所以抽大麻是有益處的。另外，尤瓦爾也對於我們當時表演的荒謬諷刺劇十分感興趣。

我告訴尤瓦爾，其中一些荒謬諷刺劇使用了大量的道具，而內容則變得憂鬱可怕。其中一個道具來自於我們滑稽地稱為「夜襲」的行動。我們夜襲了以色列空軍直升機降落跑道，地點就在我們的基地之外。我們趁基地中大多數隊員沉睡時，悄悄地前往降落跑道，取走了一個倉促掛上的美國國旗。因為基地認為當時擔任美國國防部長的卡斯帕．溫伯格（Caspar Weinberger）可能會無預警地來訪。隔天，我們使用美國國旗和以色列國旗進行一場雙國葬禮儀式。這次荒謬劇的內容本來是為了諷刺雷根政府過於寬待以色列，導致一場我們不認同的錯誤戰爭，但當我聆聽自己的聲音說出細節時，我突然發現，這次荒謬劇的表演內容聽起來更接近愚蠢，而不是諷刺。但是，對於尤瓦爾而言，無論是精緻深思的幽默，還是一知半解的幽默，他覺得真正重要的是我們想要「追求幽默」。尤瓦爾解釋道，諷刺荒謬劇的功能可能就像暴露療法[8]：我們一再宣洩記憶中的情緒元素，以幽默的方式清洗記憶，漂白了記憶的血腥色彩。

從尤瓦爾的觀點來看，最重要的是[9]，我們在戰爭結束之後的幾個月共同生活，那種強烈的兄弟情誼以及高度的共同體生活環境，或許比起在戰場上，更像是名副其實的「戰友」。**顯然地，導致士兵罹患創傷後壓力症候群的重大風險因素之一，**

就是在創傷事件發生的不久之後，發現自己孤獨寂寞，在缺乏保護型社會結構的情況之下，心智受到悲慘、擔憂，以及恐懼的循環鞭笞。另外，此處也有一個與杏仁核有關的有趣神經生物學知識。與自己所愛的人互動——毫無疑問的，我們當時都有兄弟之愛，可以促進人體分泌「催產素」（oxytocin）。杏仁核作為人類大腦的結構組織，其獨特的功能就是接受所有的情感訊號，擁有豐富的催產素接受器。催產素連結相關的接受器之後，就會壓抑杏仁核的活動，所以催產素的其中一個已知功能就是「用來協調我們與自己所愛的人之間出現的緊張關係」。

遺忘，使人類有能力從負面情緒中解放

情緒的遺忘作用不只能減少精神病理學出現的風險，也能讓我們從痛苦、悲愴，以及怨恨的監牢之中獲得解放，包括在任何人際關係中累積和惡化的小型負面情緒。婚姻治療師曾經告訴我，即使是享有最幸福生活的伴侶，偶爾也可以受益於服用協

助他們遺忘負面情緒的藥物。事實上，有些心理治療師在迷幻藥被視為法律禁止藥物之前，都會將迷幻藥作為病患的處方藥物。

更廣泛地說，自然的情緒遺忘能解放我們，使我們不會受到「每個人都同意屬於醜陋、會產生不良後果，以及使人痛苦的性格特質」所影響；這種性格特質可以歸類為杏仁核的致命原罪：怨恨、懷恨在心、惡意、復仇，甚至是我個人最厭惡的：自以為是的怒火。我非常確定，只要任何一個人在任何時刻踏入了那種充滿罪惡的領域，杏仁核的各種機制就會開始嗡嗡作響，進而陷入超載狀態。除此之外，情緒遺忘的最後一個特質，也是最高尚的特質，就是藉由解放我們的心智，讓我們可以原諒。原諒不會、也不應該會導致我們遺忘自己遭受傷害時的事實細節，但是，放下灼熱的憤怒是原諒的必要條件，也是有遺忘能力的心智其最高尚的益處。

因此，我們應該努力讓自己可以在情緒上做到恰如其分的遺忘，這麼做，是為了我們的精神正常、為了我們的幸福，也是為了我們的家人與朋友。我知道這個目標說起來很容易，想要達成卻不簡單。作為一位醫師，我絕對不能推薦使用娛樂性藥物來舒緩杏仁核及其容易過度緊張的內在習性。然而，我可以推薦讀者接受所有類型的談話治療，無論是與心理治療師，還是單純與朋友交談。作為一位沒有黃金特質的以色列人，我無法擺脫自己身上某些惱人的特質；作為一位神經科醫師，我一直都被灌輸應該用藥物治療疾病；作為一位神經科學家，我想要將許多事物都化約歸納至分子（有時甚至過度不合理地追求這個目標），但是，我現在喜歡用更單純優雅的方法，提高我們內在的情緒遺忘能力：適應社會生活、用幽默的方式看待生活，而且永遠、永遠都要努力追求洋溢愛的光芒，因為它具備治療人生的作用。

寫在本章最後

寫作本章的內容時，我不只需要獲得軍隊同袍的同意，讓我分享戰爭時的回憶，我還需要他們的回憶紀錄，才能進行事實查核。作為一位記憶研究學者，我太清楚了，記憶一直都會受到人為的雕刻：經過漫長的時間之後，富有創造力的心智也會萃取、曲解，甚至扭曲過去。我很熟悉鄉愁導致的陷阱，我知道人類的心智儲存過去的方式，更接近記憶的創作藝廊，而不是如實記載歷史的博物館，因此，我謹慎地和軍中同袍查證自己的記憶。在查核的過程中，其中一位同袍說：「對了」，如果我們需要證據，他還留著那面美國國旗，就是我們從直升機降落跑道偷來的美國國旗。這位朋友在以色列最虔誠的吉布茲（kibbutzim；意思是猶太部落）出生長大，在軍旅生涯結束的幾年之後就離開國家了。他現在是一位還俗的猶太人，原本在海外猶太人社群從事各種不同的奇特工作，最後定居在紐約專心照顧家庭，讓我很高興的是，他目前住在曼哈頓，離我的住處只有幾個街區的距離。

「我想問清楚。」我非常驚訝地回覆他：「我們還在軍隊時，你不只是在週末把那面美國國旗帶回家，你離開以色列時，即使隨身攜帶的物品有限，你依然決定帶著那面國旗？」

「沒錯。」他直率地回答，彷彿那面國旗是一塊珍寶，值得他在漫遊各地的生活中隨身攜帶。我猜想，可能確實值得。

還有一位軍中同袍依然住在以色列，我和他，以及上述提到的朋友是軍中的三兄弟。這位以色列的同袍準備到美國旅行一個月左右，而當他知道那面美國國旗依然保管得宜時，他和我一樣驚訝。在他來訪的某個夜晚，我們三個人在我的公寓見面。我們從一個棕色的袋子中取出那面折疊整齊的國旗，在我的餐桌上打開。我們上次一起看著那面國旗，好像是上輩子的事情了。這間公寓現在充滿了紀錄片戲劇性結局需要的所有條件；我們努力搜尋檔案，最後發現驚人的事物，而這個事物必定會讓人感到震驚。

回到現實，這個特定的紀念品——當年的美國國旗，最後只讓我們三個人發出無趣的嘆息。或許是因為國旗本身很普通，也有可能是為了讓我們明白，紀念品通常都會失去引發聯想的能力：不是所有關於特定記憶的元素都能使人情緒激昂。我們在那個夜晚體驗了「強迫自己回憶時經常出現的失望」，也是許多人經常感受的反高潮結局。舉例來說，滿懷期待參與同學會，或者仔細瀏覽一本最近才找到的相簿，想要尋找過往的時光，但有時候，記憶最好原封不動，留在腦海中的藝廊靜靜瀏覽就好。

話雖如此，我們確實發現了很久以前不曾注意的事情。那面美國國旗必定是倉促縫製的，因為縫合處充滿了不完美的織節，國旗上的條紋則是馬馬虎虎地縫上，以致於旗子的最下方露出了白色的亞麻纖維，下方的紅色條紋也沒有工整地對齊。我們突然意識到，在那個時候由於卡斯帕・溫伯格的無預警來訪並未事先通知，導致某些可憐的士兵可能必須在他來訪的前一天晚上，匆匆忙忙地從零開始縫製這面國旗。這面國旗雖然證明了那次的事件確實存在，不過現在看來，它看起來更像隨意製作的手工藝，而不是值得珍惜的紀念品。

自此以後，只要我們談到戰場的回憶，重新認識那面美國國旗就會是最先浮現的話題。倘若真的要說，重新認識國旗的經驗更進一步地再度塑造我們的記憶，就像鑿子一樣，刻除了原始事件帶來的痛苦。

第四章

無懼的心智

杏仁核與情緒記憶

我們已經看見恐懼與記憶在人類大腦深處的複雜糾結，以及情緒的遺忘對於人類心理健康的重要性。為了更進一步解開人類的情緒記憶，並且理解情緒遺忘更普遍的益處，讓我們談談兩位表兄弟的例子，他們分別是C與B。

每個人都同意C非常聰明，但是真正讓C與眾不同的特質，則是他的殘忍無情。C年輕的時候不曾避開任何一次的對抗。現在，C已經是一位身材魁梧、聲音低沉的成年人，更是永遠都想要挑戰權威，但是，他挑戰的方式不是微妙機敏的嫻熟交涉，而是頑固的憤怒。C毫不怠惰地執著於追求自己的地位，他迅速地爬到了自己所在社群的頂端，而這個社群獎勵C充滿男子氣概的霸凌行為。C沒有辦法愛人，也無法被人所愛，他與不同的女性有了孩子。在家族之中，C耕耘了自己的威名，他用嚴苛的方式要求每個人都要遵守紀律。而最容易讓C怒火中燒的，則是在C社交圈之外的人：他是一位毫不掩飾的仇外主義者。

B和C從來沒有見過面，但毫無疑問的，C必定會嘲笑這位表兄弟。

B的性格很友善，而C絕對不會尊重，也不會認同B的社交風格。B永遠都很放鬆、心胸豁達，很快就會原諒他人，也樂於安撫別人。B能公平地看待朋友與外人，只要自己生活的社群保持和諧，B似乎不在意社會地位的階層秩序，或者社群的領導人是男是女。雖然B將自己和藹可親的特質展露於職場，但他奉獻給工作的時間幾乎與休閒娛樂和感情世界一樣多。

大多數的讀者應該可以立刻從自己認識的人或虛構的人物中，辨識以上兩種恰好完全相反的人格。但是，C其實不是黑幫領袖，B也不是一位充滿啟蒙精神的人文主義者；C是黑猩猩（chimpanzee），B則是倭黑猩猩（Bonobo）。

認識你的內在黑猩猩

一九七〇年代期間，動物學領域的「生命之樹」（tree of life）變得不一樣了，因為分類學家的分類基礎開始採用動物基因，而不是動物的外表模樣或內在結構。外表確實很重要，由於外表部分反應了基因蘊藏的生命藍圖，因此，許多古老的分類方式也是正確的。然而，新的分類方式所引發最大的驚奇議題就是人類，不只是因為人類是唯一在意動物分類者，也是因為新的分類方式讓人類失去了動物王國的王座。我們突然必須和兩位最親近的表兄弟分享王座，牠們就是黑猩猩與倭黑猩猩，我們與以上兩種動物的基因相同程度高於九十九％。在智人（Homo sapiens）從黑猩猩屬（Pan）中衍生出來之前，人類的祖先曾經與黑猩猩共同生活數百萬年，而隨後黑猩猩屬又衍生出兩種動物，分別是黑猩猩與倭黑猩猩。人類、黑猩猩，以及倭黑猩猩之間的關係如此緊密，有些學者甚至認為，三者應該重新分類在同一個屬，如果不是黑猩猩屬，就是人屬。

因此，我們可能會好奇自己與哪一位表兄弟之間的關係更緊密。人類的臉部結構看起來稍微更接近倭黑猩猩，同時雙足走路的方式也與倭黑猩猩相似。儘管現代社會的發展空間還有很長的一段路要走，但人類的領導方式，比如在家庭、氏族，或者社會，其實也可以是母系統治，而這一點正如倭黑猩猩的領導方式。但是，人類的社會習性比較難以測量，因為我們的人格大幅受到環境的影響。舉例而言，相較於人工飼育的倭黑猩猩，在野外扶養長大的倭黑猩猩更有攻擊性，雖然其殘忍程度永遠比不上黑猩猩；與相似棲息地長大的黑猩猩相比，倭黑猩猩的本性更傾向於利他、同情、同理、善良，以及寬容。倭黑猩猩成年之後，依然保留了童年時期的玩心[1]，在此，讓我們引用荷蘭裔美國靈長類動物學家法蘭斯・德瓦爾（Frans de Waal）的描述：「倭黑猩猩更喜歡做愛，而不是戰爭。」社會科學家將友善的行為共同稱為「利社會」（prosocial）行為，因為他們相信，友善的行為有助於社會整體。

在此，請各位讀者誠實地思考：以上兩種極端的人格，究竟何者最符合你自身的描述？毫無疑問的，我相信我為了C和B所創作的兩種故事描述，確實會讓讀者產生偏見。事實上，我們不應該評判，因為牠們的行為都是由於環境的演化壓力而產生的對應發展。但是，即使你對於C的人格有所批判，我們也能很公允地假設，許多讀者都希望自己可以爬上社會、經濟，或者職業生涯的梯子頂端。讀者可能在成長的過程中接受了良好的道德教育，但有些人偶爾還是必須藉由犧牲他人，成就自己的地位。

即使你最初傾向於主張 B 的人格更值得喜歡，但我懷疑多數人的內心從未可以一直保持平靜的狀態、從來不曾體驗過瀕臨想要殺人的怒火。最殘忍的人類依然喜歡社交活動，也希望自己可以玩樂與愛人。在現實中，大多數人的社會習性，無論是與生俱來或者更為接近早期的生命經驗，在一定程度上，都是結合了黑猩猩與倭黑猩猩。

雖然可能會令你沮喪，暫且讓我們假設你的性格更為接近黑猩猩，同時相似性高過於你願意承認的程度。你有憤怒的情緒控制問題，有時會採取冷血無情的行動，或者出現厭世的黑暗情緒；而最讓你困擾的是孤獨，你沒有辦法與他人建立連結，或者無條件地付出自己的愛。那麼，你應該如何讓自己的社會習性變得更好，進而改善社交生活？神經科學家的答案是：先理解主導社會習性的大腦運作機制，這才是確保萬無一失的先決條件，也是想要啟動改變的開關時，最安全的方法。

第一個步驟是辨識與社會習性有關的腦部區域。假設我們希望將注意力放在人格的正常變化，也就是與異常人格疾患恰好相反的現象，那麼，你可能需要更仔細地觀察黑猩猩與倭黑猩猩，因為黑猩猩與倭黑猩猩原本可以視為在演化過程上的雙胞胎；兩者分道揚鑣之後，處於完全相反的環境，其中一個環境獎勵「反社會行為」（antisocial behavior），另外一個環境獎勵「利社會行為」（prosocial behavior）。

二〇一二年，研究人員準確地實現了以上的研究[2]，他們終於成功完成磁振造影研究，比較了許多黑猩猩與倭黑猩猩的大腦，而結果令人驚訝。由於分辨黑猩猩與倭黑猩猩的方法很簡單，只需要觀看外表或不同的行為，所以或許你會和我一樣，以為觀察體內神經結構也能輕鬆分辨黑猩猩與倭黑猩猩，畢竟哺乳類動物的大腦有數百個不同的區域和結構。但研究結果並非如此。與我的推測不同，黑猩猩與倭黑猩猩的腦部只有少數區域完全不同，而所有不同的區域都與社會行為有關係。

其中一個腦部結構最為顯著：杏仁核。磁振造影的檢驗結果非常明確，使用顯微鏡檢驗黑猩猩與倭黑猩猩的大腦也確認了結果，**研究人員的結論相信：杏仁核可能是與社會習性相關的關鍵結構**。以上的研究結果對於描繪[3]正常習性的相關組織十分關鍵，也符合人類病患的顯影結果，特別是反社會型人格障礙患者的杏仁核。

讓我們回到杏仁核——這個當人類接受外部世界危機時，負責記錄與指揮相關反應的大腦中央指揮官。杏仁核是一種腦部結構，藉由經驗學習如何進行危機管理，方法則是記住或遺忘恐懼的記憶。我們已經看到杏仁核的遺忘機制可以協助我們忘記創傷恐懼記憶的特定面向，避免創傷後壓力症候群患者容易出現的反社會行為，例如憤怒和偶發性的暴力行為。因此，我們可以很公允地假設，遺忘日常生活的恐懼回憶（不限於造成精神病態現象的創傷回憶），可以創造出更友善的性格。然而，下結論之前，我們必須理解更多資訊。

舉例而言，我們應該了解恐懼記憶是否與憤怒，還有其他類似黑猩猩的厭世特質有關係，如果有，又是什麼樣的關係？更重要的是，即使相關假設聽起來很合理，為了驗證，我們依然需要知道如何觸發一般恐懼記憶的遺忘，證明這種遺忘有助於改善我們的正常社會習性。

為了釐清以上的想法，我們必須完整地講述關於杏仁核的故事，也就是：人類如何發現杏仁核、杏仁核的運作方式，以及我們如何學習遺忘恐懼。

戰鬥與逃跑

正如在上一章討論的內容，由於杏仁核非常渴望形成沾滿負面污點的記憶，所以大多數的人才能輕鬆地記住孩童時期的霸凌人物。請讀者思考那個霸凌者可能會讓你引發何種反應：光是看到他，就會讓你嚇得無法動彈；如果他也看見你，你可能會迅速離開，避免和他接觸；有時候，或許就是那麼一次，隨著怒氣上升，你再也無法忍受，決定正面迎擊。

以上的回應都是「戰鬥或逃跑」（fight-or-flight）反應的一部分，這個琅琅上口的詞組起源於一個世紀之前，由美國生理學家暨醫師華特・布萊德・坎農（Walter Bradford Cannon）發明。後來，另外一個 F 開頭的單字加入了，那就是「靜止不動」（freeze），而根據人類恐懼反應的典型順序，相關的詞組也重新排序了。

人類覺得驚慌的時候，在決定逃跑之前，大多數人最初的反應都是靜止不動。如果令人害怕的兩種 F 反應（靜止不動與逃跑）不會成功，我們可能就會被憤怒淹沒，進而準備戰鬥還擊。

然而，戰鬥與逃跑反應一詞開始盛行之後，也讓科學領域陷入一場大火，不光是因為這個詞句在英文中的押韻上口，而是因為深刻的生物學影響。坎農提出的觀念展現了極度不同的情緒，例如恐懼和憤怒，能在人體身上產生相同的效果，而不同情緒會導致相同的生理反應，也讓坎農提出真正激進前衛的假說：無論恐懼和憤怒之間的差異多大，坎農假設，應該都有相同的人體結構起源，也就是說，**無論靜止不動、戰鬥，以及逃跑之間的行為表現差異多大，應該都有相同的人體內在動力**。

坎農在一九〇六年至一九四二年間擔任哈佛大學醫學院生理系的系主任。當坎農還是一位醫學院學生時，培養了對腸胃系統的興趣，隨後也成為最早應用X光技術創造人體功能動態圖片的先鋒之一。坎農在受試者進食之後，迅速拍攝胃部X光片並將它們連續排列[4]，創造了腸胃蠕動的動態圖片：胃部有節奏的蠕動，將食物往前推送。進入二十世紀時，坎農成為哈佛大學新進的終生聘教授，由於終身聘給予了工作上的保障，他決定研究可能會在當時終結一位生物學者職業生涯的議題：他開始探索情緒[5]；當時情緒還只是缺乏良好定義的心智狀態，大多只有心理學系的學生願意研究。

坎農發現情緒可以影響腸胃蠕動，在某些最害怕的受試者身上，腸胃蠕動似乎靜止不動。如果你曾經在承受壓力時，覺得腹部很脹且沒有食慾，你可能就是經歷了恐懼讓腸道肌肉停止的現象，導致胃部蠕動暫時停止。此外，坎農也知道恐懼可以停止消化需要的分泌作用。舉例而言，請讀者想像自己要公開演講之前，嘴部可能會覺得乾燥粗糙。這種恐懼的反應是自動的，而且無法控制，所以曾經被用於測謊。古代的印度會召集嫌疑犯，要求每個嫌疑犯都要咀嚼一湯匙的米粒並吐在葉子上；誰吐出的米粒最乾燥，代表誰就是內心最害怕的嫌疑犯。

坎農的才華展現於設計[6]準確測試不同的情緒狀態如何影響身體反應的方法，就是專注在他最熟悉的身體反應：腸胃蠕動。當時，科學界剛發現腎上腺素，其得名於它由腎上腺所分泌，同時它也是第一個在化學上可以進行特徵分析的荷爾蒙。荷爾蒙（hormone）這個詞發明於一九〇五年，其字源是拉丁文 hormē，而原意與本章的內容出現了意外的相關性，因為它原本的意思是「激烈的行為」（violent action），也就是用於描述內分泌系統在人類情緒激動時釋放的化學物質。

坎農將人類胃部的活體切片放在培養皿上，保持切片的生命跡象，而在滴入腎上腺素之後，胃部肌肉靜止不動；這與壓力減緩腸胃蠕動的情況相似。坎農的觀察不只確定腎上腺素是人類情緒可以用於控制腸胃蠕動的其中一種荷爾蒙，也創造了一種實驗典範，讓其他人可以在培養皿中研究情緒所造成的效果。此外，坎農從一隻感到害怕的貓身上（這隻貓剛剛接觸過一隻狗）進行腎上腺靜脈血液取樣時，也從另外一隻放鬆的貓身上進行血液採樣，結果他發現，只有害怕的貓的血液可以停止胃部肌肉。然而，真正令人驚訝的研究結果是坎農複製相同的研究過程，但這次使用的血液來自一隻已經從恐懼轉變為準備戰鬥的貓，這隻貓發出憤怒的嘶聲、露出牙齒，並且伸出自己的利爪。結果，憤怒的血液與恐懼的血液都呈現了相同的效果，兩者都造成胃部肌肉停止運作。坎農持續展示恐懼的血液和憤怒的血液都會造成完全相同的其他身體反應：增加血液流動，引發葡萄糖創造能量。這個研究結果似乎符合演化論的觀點，亦即相關的身體反應能協助我們面對任何引發恐懼的事件，無論我們是準備戰鬥，還是逃跑。

坎農和他的追隨者推測，戰鬥或逃跑反應都是受到相同的神經結構控制。在二十世紀的前半段，尋找戰鬥或逃跑反應起源的探險之旅，最遠只能達到人類大腦的下半部，又稱為「腦幹」，以及其中一個稱為「下視丘」的結構；下視丘屬於人體內部危機偵測系統的一環，也就是下視丘—腦垂體—腎上腺軸。舉例而言，研究顯示，下視丘負責處理另外一種荷爾蒙皮質醇的分泌，也就是當我們感受恐懼或憤怒時，它就會大量產生「皮質醇」。

事實證明，在戰鬥或逃跑期間，皮質醇負責指揮人體的複雜反應，其角色甚至比腎上腺素還要重要。也可以這麼說，**下視丘控制腎上腺素與皮質醇的分泌，而腎上腺素與皮質醇就像人類血液中的雞尾酒，控制了人類的戰鬥或逃跑反應**。既然如此，下視丘就是人類大腦中負責處理危機的中央指揮官嗎？答案可能是否定的。因為人類大腦下半部的腦幹神經元不會接收來自外在世界的感官資訊。想要偵測可能的危機訊號，必須接受外部世界的感官資訊，然而下半部的腦幹神經無法進行複雜的計算以及評估相關訊號的實際危險程度。因此，研究人員假設，探索人類大腦恐懼和憤怒起源的探險旅程必須往北前進，前往更上方的腦部區域。

大約就在相同的時間，研究人員已經發現如果杏仁核受損，而這樣的受損可能是因為自然發生的意外，或者實驗設計不良導致，就會消除人類對於恐懼的反應：不會靜止不動、不會戰鬥，也不會逃跑。在隨後的幾十年，幾乎所有與危機偵測有關係的大腦區域，都被發現與杏仁核有關係，杏仁核發出的訊號直接連結至下視丘以及其他壓抑憤怒表現的腦幹區域。

到了一九七〇年，研究結果已經能夠明確地指出[7]，**杏仁核就是人類大腦處理危機的中央指揮官**。然而，想要準確地理解杏仁核如何扮演這個角色，其難度令人火冒三丈。結構研究顯示，杏仁核就像眾多分離神經核構成的群島；研究人員假設，其中一些神經核負責接收資訊，有些神經核分辨應該回應哪些刺激，剩下的神經核則是將指令傳送至腦幹，啟動靜止不動、戰鬥，或者逃跑。

雖然有許多相關研究都想要判斷每個神經核與杏仁核整體運作方式，但結果皆令人困惑，而且不一致。請讀者想像你打開一個來自IKEA的紙箱，倒出紙箱內的零件，舉例來說，衣櫃的零件。現在，請想像你必須在沒有組裝說明書的情況下，組裝那個衣櫃。假設你有足夠的時間（以及耐心），或許可以找出每個零件的功能，以及零件如何相互組合，但前提是你能輕易地理解那個家具的基礎功能，比如：這個家具是固定的嗎？這個家具的抽屜可以打開嗎？除此之外，另外一個前提則是你可以在試誤過程中，相對輕易地組裝和重新組裝。

恐懼制約

科學家在一九八〇年代開始探索杏仁核的內在運作方式[8]，當時，他們已經在囓齒類動物身上找到彼此同意的恐懼測量方式，而且能夠謹慎確實地控制恐懼反應。在實驗室的配置之中，想要測量戰鬥或逃跑的反應非常困難，因此，觀察人員發現更有用的研究方式是專注在第一個F，也就是「靜止不動」（freeze），作為恐懼的判斷讀數。為了控制靜止不動的反應，研究人員開發了一種實驗典範，讓動物可以從自然刺激以及造成傷害的刺激之中形成記憶，如此一來，自然的刺激就能引發動物的靜止不動反應。「恐懼制約」（Fear conditioning）是這種方法的名稱，你可能也曾經在學校有過類似的體驗，霸凌人物的長相隨著時間經過，已經和他造成傷害的行為相連，因此你的恐懼反應也和他的長相相連了。一旦被制約之後，只要看見他，就很有可能靜止不動，彷彿一隻負鼠。或者，依照坎農的觀點，你的胃部開始打結，進而失去胃口。

這種實驗典範開始應用在許多實驗室之後，我們就能夠理解杏仁核的個別神經核如何相連，讓我們明白杏仁核的個別神經核的功能。有些神經核用於偵測危機以及分析危機，其他的神經核則是啟動人類的靜止不動、戰鬥，或者逃跑反應。坎農當初提出的假設與想法，主張人類的大腦結構中，應該會有一個起源作為大腦恐懼與憤怒的中央動力引擎。經過將近一個世紀之後，上述的研究證實了他的假設，甚至提供了動力引擎的藍圖，說明杏仁核引擎的組裝方式。

雖然不是本意，但這種研究典範確實教導了我們許多關於杏仁核和恐懼記憶的知識。舉例而言，我們現在知道杏仁核形成並且儲存了恐懼記憶，因此，我們獲得愈多的恐懼記憶，杏仁核就會愈活躍。最新的相關研究直到二〇〇〇年代才完成[9]，找出杏仁核用於儲存恐懼記憶的神經核，以及儲存的精確過程。至少，我現在可以告訴你，你在學校被霸凌時，杏仁核發生了什麼事情。

對於霸凌人物的恐懼記憶，來自不同神經核在一定時間之內，將所有資訊輸入至杏仁核。其中一個資訊輸入來自視覺皮質層的一個神經核，其功能是接受資訊，將霸凌人物的長相進行編碼，其他的資訊輸入來自於大腦的其他區域，將霸凌人物行為造成的痛苦進行編碼。這個同步彙整的過程會獲得海馬迴的幫助，啟動神經核中用於儲存恐懼記憶的工具箱，讓神經核的樹突棘開始擴散成長並且穩定。現在，只要在校園中看見霸凌者的長相，就能讓你的杏仁核變得過度活躍，驅動你的腦幹啟動恐懼反應：靜止不動、逃跑，甚至是轉變為憤怒，讓你在某一天決定反擊。

杏仁核的傷疤

這種類型的樹突棘成長方式也解釋了「為什麼磁振造影顯示黑猩猩的杏仁核比倭黑猩猩更大」。心理學已經證明，恐懼與憤怒之間會相互轉換；社會學也發現恐懼和憤怒是一體兩面，可以從一個人身上轉移至另外一個人身上。一個人的憤怒，可能會引發另外一個人的恐懼，如果恐懼又轉變為憤怒，再度引發第一個人產生恐懼，就會形成一種永久的真實惡性循環。這種死亡之舞與其所導致的支離破碎的社會結果，許多人都可以在自己認識的不健康或處境艱難的情侶或家庭身上，看見不幸的相似性。

所謂的傷疤，就是受傷之後成長的新組織。根據這種想法，黑猩猩的巨大杏仁核可能是大腦生活在永恆的恐懼與憤怒中所導致的情緒受傷結果。在黑猩猩的腦部結構中，其杏仁核與倭黑猩猩的大腦差異最大，足以證明黑猩猩的社會何其殘忍無情。請讀者容許我在此使用人性化的描述：黑猩猩必定承受了巨大的痛楚，也必須忍受巨大的污辱。我們別無選擇，只能選擇倭黑猩猩的生活方式，並對憤怒與孤獨的黑猩猩領導者，以及恐懼和畏縮的黑猩猩僕從，懷抱著相同的憐憫。

坎農將演化論生物學整合至自己的原始理論架構，提出一個假設：**恐懼和憤怒是人類情緒的雙胞胎；它們都是後天產生的特質，其來自演化的適應與自然的遴選過程，而且這樣的演化不僅反應在個人層次，也發生在種族層次**。正如查爾斯．達爾文所說，生物的特質「生於演化過程中的無數傷痕」。就像一個人因為早期的生命記憶，變得更容易恐懼，一個種族也會更為害怕特定的傷害與危險的環境。

這個觀點讓我們回到倭黑猩猩，以及倭黑猩猩極為突出的利社會特質：利他主義、同情、同理、善良、寬容、愛玩、討人喜歡，甚至是性感迷人。這種類型的「多特質症狀」出現時，自然世界通常會選擇其中一個關鍵特質，其餘的特質就像配套交易。演化論生物學家已經很有說服力地主張[10]，黑猩猩的主要適應特質是恐懼，而倭黑猩猩的主要適應特質完全相反，就是無懼。

一個人的社會習性如果傾向於充滿恐懼與充滿憤怒，也會很合理地不傾向於利他主義、同情、同理、善良、寬容，以及愛玩。社會習性中的「恐懼差異」就是關鍵，它會驅動其他的社會習性偏向於反社會或利社會，隨後發展的所有人格特質都會更適合種族的差異環境。舉例而言，黑猩猩必須和體型更大、更強壯的大猩猩競爭有限的資源，並且生活在比倭黑猩猩更艱困的環境中。

除此之外，犬類行為也可以作為例子說明恐懼是關鍵的特質，解釋其他隨之演變的社會特質。一般都同意，犬類從狼演變而來，第一批的原型犬可能是自然世界的演化意外，原型犬獲得了勇氣，接近人類的生活地，從我們所謂的垃圾中獲得了豐富的食物資源。所有與犬類相連的友善特質，都是來自於關鍵的無懼特質。

在一個以重現上述演化過程為目標的長期研究中[11]，研究人員選擇了狐狸作為實驗目標，減少狐狸因為害怕產生的侵略行為，並且協助狐狸繁殖，重現的演化過程超過二十個世代。相較於狐狸祖先，研究計畫最後培育的狐狸後代，其恐懼程度較低、攻擊性較低，展現了其他犬類生物眾多的利社會特質。狐狸後代形成更緊密，也更親密的社會連結，不只是與自己的狐狸群體，與其他的狐狸群體、甚至是與其他種族的動物也是如此；也就是說，狐狸後代並未承受「害怕陌生人」（排外主義）的恐怖制約。狐狸後代的習性更喜歡玩耍，普遍更享受生活，甚至更喜歡搖擺尾巴。此外，坎農若身後有知，必然覺得高興，因為在這個研究中，狐狸後代的腺體分泌減少了，原本用於指揮恐懼和憤怒的荷爾蒙大雷雨，已經變成毛毛雨了。

杏仁核的加速與煞車功能必須保持平衡

在過去的十年之間，許多關於杏仁核的知識已經變得更為明確。雖然杏仁核的活動程度很有可能部分受到基因的決定，但我們現在知道，杏仁核的活動程度也強烈地取決於我們獲得的恐懼經驗。我們曉得杏仁核是人類結構中的引擎，同時驅動恐懼和憤怒，而這種情緒可以影響社會習性。因此，我們可以合理地假設，放鬆杏仁核有助於改善性格。

遺忘恐懼記憶，就是放鬆杏仁核的其中一種方法，也就是我們在第一章討論的機制。杏仁核的神經元形成並且儲存記憶，使用的記憶工具箱能在所有的神經元促進樹突棘的成長。恐懼的記憶，就像所有的記憶具備彈性，也可以使用相同的遺忘工具箱來縮小樹突棘。請想像遇見你現在最討厭的霸凌者，但是，他已經接受了多年的心理治療，或者是在靈修聚會所成功找到精神的啟蒙。他克服了憤怒問題，現在就算不是一位和藹可親的好人，至少也能相處愉快。如果此時在你的杏仁核神經元中放入一個檢測用的電極，就可以顯示你在第一次看見他的改變之後，杏仁核還是會有活躍的神經元活動。但是，隨著你反覆看見他，杏仁核過度活躍的情況也會逐漸減少，因為儲存原始恐懼記憶的樹突棘開始萎縮，你的杏仁核神經元也啟動了遺忘恐懼的緩慢過程。

事實上，病患成功完成暴露療法之後，都會回饋說自己的社會習性獲得了改善。一般認為遺忘恐懼的過程需要數天，而且如果沒有連續進行，可能需要更久的時間。由於過程需要的時間較長，難以驗證遺忘恐懼與改善社會習性之間的準確關係。完成暴露療法與社會習性改善之間有一段中介時期，許多其他的因素也可能有助於病患改善行為。

感謝所有嘗試描繪杏仁核內部神經迴路的刻苦研究，我們現在知道如何快速啟動遺忘恐懼。如果我們將杏仁核視為一座引擎，相關研究找到了「功能就像踏板」的特定杏仁核神經元。其中一個杏仁核神經核的功能是煞車，而實際上我們已經成功開發相關藥物，可以有效地踩下煞車，快速降低杏仁核的活動速度。至於另外一個杏仁核神經元的功能更像油門，但也有藥物能夠緩和油門踏板，減慢杏仁核的運作速度。動物使用相關藥物時，都出現了相似的效果：藉由減少杏仁核的活動，可以直接引發動物的恐懼遺忘。

事實上，人們已經服用數十年的許多藥物[12]，無論是處方用藥，或者娛樂性藥物，都有一部分的功能是踩下或鬆開杏仁核的引擎踏板，只是我們當時不知道。許多人都曾經在不知不覺的情況下，在社交時體驗了一種福分，幫助我們能減少杏仁核的活動，從而引發遺忘恐懼。如果你曾經留意過，喝下第一杯酒的時候（第三杯或第四杯的效果明顯較低），你對於他人的感覺改善了，可能就是體驗到低劑量酒精降低杏仁核的活動速度。相同的道理也適用於服用處方藥物，例如：苯二氮平類藥物（benzodiazenpine；商品名稱為贊安諾〔Xanax〕或安定文〔Ativan〕）或者非苯二氮平類藥物（nonbenzodiazepine；商品名稱為安必恩〔Ambien〕或魯尼斯塔〔Lunesta〕）。這種藥物全部都被分類為抗焦慮藥物（anxiolytics），因為它們能緩和恐懼記憶引發的焦慮與擔憂。下一次，你喝酒或者服用相關藥物的時候，請留意自己的感覺，是否稍微感受到區分倭黑猩猩與黑猩猩的眾多利社會特質？當然，酒精與抗焦慮藥物都會影響人類大腦的其他區域，根據每個人的敏感程度而異，提高攝取劑量將會影響其他的情緒感受。

如果你曾經嘗試過娛樂性藥物亞甲二氧甲基苯丙胺[13]，你更有可能用一種清澈明確的方式，體驗所有利社會特質的總和。亞甲二氧甲基苯丙胺是一種複雜的藥物，完全沒有方法從其化學元素中判斷對於人類大腦的影響效果。但是，服用亞甲二氧甲基苯丙胺藥物的病患對於藥物效果提出一致的描述：與倭黑猩猩的利社會特質即使並未完全相同，也是高度重疊。

近年，一篇腦部顯影研究提供了理解亞甲二氧甲基苯丙胺在神經藥理學的獨特效果線索。亞甲二氧甲基苯丙胺藥物可以減少大腦活動，最明確的效果出現在杏仁核以及與杏仁核相連結的海馬迴；換言之，就是影響大腦的恐懼遺忘模式——如果大腦確實有一種遺忘恐懼的模式。亞甲二氧甲基苯丙胺藥物可以創造狂喜和高興的效果；服用該處方藥物的患者最常使用的描述詞彙是感受到了「愛」，所以這種藥物常被稱為狂喜迷幻藥。

所以，正如上一章，我們的討論回到杏仁核[14]，也再度提到了愛。杏仁核演化煞車系統的原因，不太可能是為了人類的娛樂或者飲酒狂歡。理解杏仁核發展壓抑機制的真實目標之線索[15]，來自於催產素，一種由人類大腦自然生產的化學物質。

催產素：杏仁核的煞車系統

催產素在邁入二十世紀時獲得重視，因為當時的科學家非常執著於荷爾蒙。研究發現催產素在分娩時達到分泌的高峰，其生理效果是放鬆子宮肌肉。另外，人體在哺育母乳時也會釋放催產素，用於加速分泌母乳。但是，成為人母的意義顯然不只是分娩與哺育。即使是一位情感冷漠的憤世嫉俗主義者也會承認，母親的愛充滿耐心——這確實是一個客觀的事實。催產素因而變得有趣，因為催產素的效果從生理延伸至心理：催產素的影響範圍已經從產房中用於協助女性分娩嬰兒，延伸至母愛。

直到隨後的數十年，催產素在母愛心理學的角色才開始浮現，因為相關研究發現，藉由人為注射方式操控催產素，就能影響母愛連結的程度：更多的催產素可以創造母子之間更緊密的情感羈絆。不僅如此，許多其他形式的社會連結已經證實與催產素有關。神聖的婚姻連結，至少其世俗型態的一夫一妻制度，同樣受到催產素的影響，即使是更隨興的社會關係也是如此。事實上，催產素沒有必要進行人為管理；在從事社交層面與性層面等能建立關係的活動時，大腦生產的自然催產素程度將會達到高峰。

催產素是一種看似單純的化學物質，生產於腦幹的神經核，也能釋放至大腦的其他區域。在大腦的所有區域之中，杏仁核對於催產素的反應最為敏感，而催產素的效果就像上述提到的藥物，能夠踩下杏仁核的煞車，減少過度活動。所有的哺乳動物都仰賴母系的社會羈絆，而且能受益於在家庭和社群中形成羈絆；哺乳類動物的大腦已經演化至可以製造催產素。如果恐懼記憶驅動我們產生反社會的恐懼反應，大自然很有可能在杏仁核的引擎中設計了煞車系統，藉由遺忘恐懼的機制，抵銷恐懼記憶，有助於形成社會羈絆。

請回想自己就讀幼兒園的第一天，你可能很興奮，但必定有些害怕。在這種情況中，我們最初的恐懼反應可能是暫時的靜止不動，甚至想要逃跑；對於某些人而言，這種恐懼或許會無法控制地轉變為攻擊性。這種反應很合理，不是精神官能疾病反應，因為任何的新環境都有潛在的危險。與新出現的人物互動確實潛藏危機，對於年輕的心靈來說更是提心吊膽。而恐懼反應可以協助減少風險，藉由促使人類放棄或猛烈前進，提高我們生理和心理的安全，但如此一來也會妨礙建立社會羈絆的所有階段——從第一次的互動到形成有意義且長久的友誼，都會受到影響。

事實上，當你還只是襁褓嬰兒時，就已經開始形成關於恐懼的記憶，而恐懼的記憶將會準確地影響你在上學第一天時會有多麼害怕。即使你在嬌生慣養的環境中長大，等到你開始就讀幼兒園，幼年生活的情感荊棘已經在你的杏仁核留下記憶的痕跡。對於我們的生存而言，記住恐懼有著至高無上的重要性，而杏仁核的本能就是學習並且牢牢記住恐懼的事件。**幸運的是，杏仁核也被賦予了一套煞車系統，能夠馴化恐懼以及恐懼的記憶，允許我們遺忘足夠的恐懼，才能形成與創造社會羈絆。**

正如壓力荷爾蒙可以在兩個人之間啟動恐懼和憤怒的惡性螺旋沉淪，催產素也能夠引發一種高尚而且令人欣喜的雙人舞。光是眼神交會就足以提高人體的催產素釋放；眼神交會的效果甚至能夠發生在我們與狗之間的關係。近年來的一份研究顯示，人類與狗凝視彼此的雙眼時[16]，體內催產素就會增加，如果用人為的方式提高催產素，也會提高人類與狗之間的眼神凝視。讀者可以試試看：深刻地凝視狗的雙眼，你會立刻感覺到一股溫柔，讓你幾乎能確定這個感受與催產素的釋放以及杏仁核的放鬆有關，而這種恢復情緒的效果，也可以解釋治療犬計畫受到歡迎的原因。

此外，催產素有時候會被稱為愛的荷爾蒙，但是這種說法太過於簡化。催產素成名的第一個原因確實是因為催產素在母愛之中的角色，但如果因而認定所有會被催產素影響的社會關係形式都是愛，那就是錯誤的推論。

愛是最高層次的社會羈絆，催產素影響的特定情感確實可能是愛，但考慮到愛的灼熱強度，我們或許應該感謝上蒼：並非所有被催產素影響的情緒與情感都是愛。有些人認為一夫一妻制度是婚姻關係的完美典範，他們如果渴望催產素，應該謹慎注意自己的願望。因為倭黑猩猩是典型的利社會人格代表，但倭黑猩猩採用多夫多妻制度。然而，想要建立可以形成社會羈絆關係的相互信任（任何類型的社會關係，愛特別如此），很有可能需要一定程度的遺忘恐懼能力，才能打開我們的心智與內心，也會讓我們承受生命的社會危險。

只要一個爆炸性的創傷事件，就能傷害人類的大腦，破壞情緒記憶與情緒遺忘之間的正常平衡，造成人格混亂。反之，遺忘「創傷情緒記憶中的痛苦」可以避免或者協助治療特定的精神病理現象。另外，正常的生活經驗也可以影響情緒記憶與情緒遺忘的平衡，但它會以更微妙的方式，讓我們走上利社會或者反社會的方向。

有一種常見的趨勢，就是將黑猩猩、幫派首領、無情殘忍的政治人物，以及校園霸凌的易怒特質視為病態現象。然而正常特質的極端發展，在某些情況確實會變得異常，舉例而言，悲傷轉變為病態的憂鬱症。問題在於，我們如何在常態和病態之間畫出界線，或許，記住自己的恐懼有一個很明確且十分重要的功能。顯然的，認為黑猩猩的杏仁核過度活躍，並想要治療這個現象是錯誤的行為，因為黑猩猩的習性非常適合激烈競爭的環境。因此，**判斷人類病態行為的其中一個標準，或者說，至少可以合理進行治療的標準，就是這個行為是否造成一個人的生活痛苦。**

社會和法律系統可以批評殘忍的人格特質，而擁有殘忍性格的人，他們的杏仁核能夠用圖像的方式，記住所有的輕蔑與污辱，並且活在永恆的恐懼和憤怒之中。然而，醫師應該只能診斷並治療那些主動尋求幫助的人，並抵制對道德應受譴責之人進行「不切實際的診斷」要求。但不幸的是，當前社會的政治氛圍，這種要求的頻率愈來愈多。

有幸可以遺忘恐懼的人，就等同於擁有同情憐憫的能力，也可以控制自己的憤怒。關於遺忘的神經生物學讓我們明白，為什麼我們應該用同理心感受那些受苦的靈魂，因為他們無法遺忘，並且生活在恐懼與顫抖的惡意之中。為此，我們應該懷抱感謝，因為大多數的人即使無法讓恐懼的記憶完全沉默，但至少可以偶爾抑制恐懼記憶的尖叫。

如果沒有遺忘恐懼所帶來的益處，我們會只剩下可怕的孤獨生活。

第五章

輕盈的心智

睡眠、遺忘和創作力

他的答案永遠都是高深莫測的「或許吧！」

我和賈斯珀・瓊斯（Jasper Johns）同坐，他是美國現存最偉大的藝術家之一，地點則是他位於康乃狄克家中的餐廳。我和妻子在紐約州邊境擁有一間農舍，而我們是在社交場合中認識了賈斯珀。

藝術家和神經學家的對談

賈斯珀對於人類的大腦十分著迷，多次邀請我共進午餐，參觀他的工作室，在他廣袤的鄉村別墅中漫步；而在許多話題之中，我們也談人類的大腦。這是一種很少見的經驗，特別是因為面對賈斯珀這樣的藝術家；他最知名的作品是描繪常見的物體，比如：旗子、數字，以及靶標，而我必須向他解釋人類的視覺系統如何在處理視覺的資訊串流中重現物體。

我按部就班地解釋人類大腦的視覺系統如何重建物體：首先是顏色與輪廓，其次是在下皮質層區域處理個別的構成元素，最後在中央樞紐的上皮質區域彙整所有資訊，拼湊完整的物體；一般的認知物體如何藉著連結多個皮質樞紐，建立其他的資訊網絡；情緒又是如何藉由連結至皮質層下的樞紐，與感官產生了糾結的網絡。

賈斯珀在一九五四年開始創作第一次的旗幟系列畫，當時，是他完成美國軍旅生涯的一年之後，而那段期間還是戰後民族主義情緒高張的年代。我想起自己和軍中同袍藉由諷刺的方式使用國旗，以加速自己的情緒遺忘過程，於是我詢問賈斯珀，他是否認為自己的旗幟創作也有相似的效果：無論是對於他個人的快樂，還是對於美國的幸福。賈斯珀出了名地喜歡閃躲問題，他只留下一句不置可否的「或許吧」。不過，從來不會有人因此指責賈斯珀不愛說話，因為無論是談論一般的藝術，或是其他人的藝術創作，賈斯珀更願意表達自己的想法。

我們曾經有過兩段值得分享的對話內容，主題是創作與遺忘，其中一個是討論遺忘的病態變化，另外一個則是討論自然的常態遺忘。剛開始，賈斯珀對於美國抽象表現主義藝術家威廉・德庫寧（Willem de Kooning）本人及其作品集表達強烈的喜好時，我非常驚訝。就我個人對於藝術史的認知，賈斯珀與同時期的美國藝術家羅伯特．勞森伯格（Robert Rauschenberg）被視為普普藝術的先驅，而這樣的藝術風格，也是抽象表現主義時代結束的主要原因。

在賈斯珀開始創作旗幟藝術的兩年前，德庫寧完成了第一次的諷刺畫系列作《女人》（*Woman*）。雖然時間只有兩年之隔，但他們的創作風格與內容完全不同，而最讓我感興趣的，則是他們的藝術作品創造了宛如漣漪一般的聯想：德庫寧《女人一號創作》（*Woman I*）的紛亂色彩應用表現主義的手法，形體描繪比較不抽象，在母親和情人的概念之間，產生了一種模糊的聯想。

至於瓊斯的作品《旗幟》（*Flag*）則是一種二度空間的創作，內容看似過度單純（必須仔細觀察，方能發現其中是油畫與蠟畫的複雜組合），是用一種沒有熱情的冷靜方式描繪一個常見的物體，不過卻能引發我們在司空見慣的事物以及帶有諷喻意義的社會評論之間，產生模糊的聯想。

德庫寧是最長壽的抽象表現主義藝術家之一，他在一九九七年以九十二歲的高齡逝世。他在一九八〇年代晚期開始最後一個系列的創作，而在那個時候，他已經出現了失智症的病徵。賈斯珀想知道德庫寧的失智症原因，於是我同意根據我們之間的對話，以及部分能公開查詢的資訊，來對德庫寧的失智原因進行醫學上的偵查。

哭泣無助的海馬迴

「高沙可夫症候群」（Korsakoff's syndrome）的起因是缺乏硫胺素（維生素B1），其通常與過度飲酒有關；由於德庫寧有漫長的酗酒歷史，為此，這顯然是必須考慮的因素之一（直到一九七〇年代，德庫寧依然喜歡狂歡飲酒）。另外，腦血管疾病也必須考慮，因為腦血管疾病在大腦的認知區域引發中風時，同樣會導致失智症。正如我在第一章提出的討論內容，血液檢查可以排除缺乏維生素的問題，而磁振造影和電腦斷層掃描則能排除腦血管疾病問題。儘管我無法取得以上的臨床檢驗報告，但德庫寧的神經科主治醫師的診斷為「很有可能」（probable）是阿茲海默症引發的失智症。事實上，特別在那個年代，當臨床醫師排除了失智症的其他可能病因，並根據一個明顯的認知徵狀，有信心認為阿茲海默症可能是元凶時，多半會使用「很有可能」。反之，如果臨床醫師沒有十足的把握，可能是因為其他的排除檢驗呈現陽性，比如，檢驗發現病患中風，或者是因為病患的認知能力不良，他們就會將診斷結果降低為「可能」（possible）是阿茲海默症。因此，根據我的推論，特別是因為德庫寧的酗酒史有著明確的紀錄，醫師必定會評估其他相關情況，進行血液檢驗和磁振造影檢驗，而其結果應該都是陰性。

不過，我成功找到能證明德庫寧罹患阿茲海默症的第二個證據：認知能力檢測剖繪資料，亦即關於他的行為觀察，其來源是在德庫寧確定罹患阿茲海默症的數年之前。其中一個具有說服力的軼事[1]描述了德庫寧才剛看過，卻無法記得一位親密友人的藝術創作，但他可以準確地回想那位藝術家多年之前的作品。這個現象說明了德庫寧的海馬迴功能異常。或者，我們可以借用一種更有感情的說法，那就是海馬迴正在「哭喊尋求幫助」；這個說法來自於十八世紀的義大利病理學家喬瓦尼·莫爾加尼（Giovanni Morgagni），他是現代醫學的其中一位奠基之父，他率先完整地深入探討傾聽疾病結構起源的必要性。

在那位藝術家友人事件發生之後的六年左右，德庫寧的認知能力持續惡化，也被診斷罹患了阿茲海默症。對於近來事件的病態遺忘出現之後，其他的認知能力也會開始慢性惡化，兩者都是阿茲海默症典型的人體結構探索路標；從此處開始，阿茲海默症將會在海馬迴進行一場死亡的行禮，隨後往上影響上皮質層區域，包括我們在前幾章探討的皮質中樞。由此可證，阿茲海默症很有可能就是德庫寧病症的正確診斷。

阿茲海默症的診斷標準

我將自己的結論告訴賈斯珀，同時提醒他，我的臨床偵探與正式的評估相去甚遠。雖然賈斯珀不健談，但他對於談話的內容非常嚴謹。他用一種溫柔且撫慰人心的美國南方口音說話方式，提出簡潔扼要的問題，直指事物的核心：「為什麼已經確定罹患疾病的時候，只能使用『很有可能』呢？」我向他解釋，想要準確地診斷阿茲海默症，特別是在那個時代，必須等病患過世之後才能用顯微鏡檢驗患者的大腦。另外，我也描述了神經病理學家如何在檢驗過程中，用顯微鏡觀察病患的纖細腦部切片，尋找阿茲海默症的關鍵病理現象：會有一團凌亂的堅韌蛋白質出現在神經元內部，稱為「神經原纖維纏結」，若出現在神經元之間，則是稱為「類澱粉蛋白斑塊」。

在參觀賈斯珀的工作室時，我明白了方法和過程——亦即視覺藝術的原料處理工程，對於賈斯珀的重要性，同時，我也察覺到賈斯珀喜歡理解技術上的細節。我告訴賈斯珀，無論病患死後的腦部切片有多薄，除非使用特殊的染料，否則無法看見阿茲海默症的病理現象；唯有如此，這些病變的腦細胞才會出現在顯微鏡中，而它們看起來是如此平淡無奇，卻又是何其醜陋。

「為什麼叫做阿茲海默症？」賈斯珀問我。我向他解釋，這個病名取自於德國神經病理學家愛羅斯·阿茲海默（Alois Alzheimer），他在一九〇六年時，首次提出有一名因失智症而死亡的患者。在此之前，失智症一直被視為一種精神瘋狂的形式，代表患者有某種程度的故意作惡或道德匱乏，而不是真正的疾病症狀。在那個時候，真正的神經疾病必須在病患死後，能以視覺觀察到病理現象，方能成立。在二十世紀初，阿茲海默醫師已經能用視覺觀察原本看不見的病理現象，他不只確定了失智症是一種神經疾病，也奠定了直到二十世紀結束時，所有關於阿茲海默症醫學進展成就的基礎。

「我相信相關的病理現象早在一九〇六年之前就出現了，對嗎？」賈斯珀說。沒錯，相關的病理現象當然早已存在，但直到十九世紀晚期，神經病理學家才開始將腦部組織切片，浸泡在原本作為德國紡織工業染色劑的化學物質中；其中的某些染色劑原來不只能夠讓布料上色，也能讓阿茲海默症出現色彩。

賈斯珀聽見這段「視覺科學」和「視覺藝術」於病理學研究交會的歷史珍聞時，他充滿情感的雙眼，開始閃爍發光。

德庫寧死後，他的大腦並未接受檢驗評估。現代的工具可以針對活著的病患進行間接的病理學檢驗，但那個時代並沒有這種工具。阿茲海默症「生物跡象」的測量方式是進行脊椎穿刺，檢驗脊椎液中有沒有類澱粉蛋白斑塊和神經原纖維纏結的碎片；或者在病患體內注射放射性的顏料，用安全的方式顯現病理現象，在顯影攝影機中就可以用視覺觀察。因此，雖然沒有大體檢驗報告，也沒有生物跡象檢驗，然而，根據相關累積的證據，我可以很有信心地認為，德庫寧的阿茲海默症診斷應是幾乎完全準確。

被慢慢擦掉的記憶……

我們關於德庫寧認知能力惡化的對話持續進行；顯然的，賈斯珀的興趣不只在學術上。一九九五年，賈斯珀和一群藝術史學家接獲德庫寧的遺囑執行人邀請，前往德庫寧位於紐約長島的別墅，評估德庫寧在一九八〇年代完成的最後一個系列作品。

相關專家知道德庫寧的診斷結果，而他們的任務是決定德庫寧作品的風格：究竟這些作品具體呈現了一位年邁創作天才最後的風格，應該被合格地視為德庫寧畢生創作的最後一章？或者，這些作品受到疾病的牽連，應該被排除在德庫寧的藝術創作軌跡之外，不讓社會大眾觀賞，避免傷害他的藝術成就？現在，輪到我將所有觀點歸類至一個單純的問題：**阿茲海默症會傷害一位藝術家的創作能力嗎？**

針對這個問題，面對不同的對象：病患本人、家屬，有時甚至是最令人尷尬的場面，比如法庭想要知道阿茲海默症會不會影響一個人的專業能力時，我們神經科醫生經常要提出不同的答案。這個答案永遠難以釐清，因為其取決於阿茲海默症的階段。但是，相較於藝術家，針對常見的職業提出評估答案確實比較容易。

阿茲海默症是逐漸發展的疾病。雖然我們已經確實找到阿茲海默症的疾病原點，但是，阿茲海默症的起始時間，也就是明確的病因起點，則是從未有準確的答案。我們知道阿茲海默症用數十年的時間讓病患出現失智症；追查大規模的病患數十年之後，我們曉得阿茲海默症在「臨床表現前階段」（preclinical stage）就開始了，病患海馬迴區域的內嗅皮質層神經元出現功能異常，但情況非常細微。被影響的病患可能會發現自己偶爾會出現新接收資訊的記憶喪失，比如，難以想起某個人的名字，即使是最近才認識的。但是，這種情況非常主觀，而且無法藉由正式的記憶測試進行可靠的檢驗。

經過數年的發展，阿茲海默症進入「前驅症狀期階段」（prodromal stage）。在這個中間階段，阿茲海默症的症狀大多數限於海馬迴，但已經開始地毯式地殺害神經元，導致持續且可發覺的記憶能力受損：忘了昨天看過的電影，或者上個星期參加的晚餐派對。從這個時間點開始，阿茲海默症通常需要用五年到十年的時間進入所謂的「失智階段」（dementia stage），這時阿茲海默症的影響範圍將超過海馬迴，往上進入上皮質層區域，也就是其他認知能力所在的複雜神經網絡樞紐。

在失智的早期階段，影響程度最明顯的是皮質區域，這裡是用於儲存、處理，以及存取資訊的區域，也就是在前幾章描述處理感官資訊串流的皮質樞紐區域。現在，除了海馬迴正在「發出求救訊號」，病患本人也會開始感受顯著的病態遺忘：忘記年輕時的故事、忘記朋友的名字、忘記文字、忘記旅行的路線，或者，忘記回家的路。不幸的是，阿茲海默症不會就此罷手。

多年之後，阿茲海默症原本只限於大腦的認知區域，終究會擴散至其他皮質層，抹煞一個人的性格與特質。阿茲海默症就此開始深入皮質層內部，影響位於腦幹的神經核——這個大小宛如鈕扣的神經元聚合體。腦幹神經核的關鍵功能是維持意識與基礎的身體機能，包括睡眠、飲食，以及呼吸，而這就是病患與家屬聽見診斷罹患阿茲海默症時害怕的恐怖末期階段。話雖如此，其實在阿茲海默症大多數的發展期間，其影響範圍都只限於大腦處理資訊的階段。

資訊焦慮讓我們害怕遺忘

「如果我得了阿茲海默症，就開槍殺了我！」我在社交場合聊天時，經常聽見這種宣言。一開始，我以為這是他們知道阿茲海默症末期階段時的反應；如果我們不討論關於安樂死的倫理爭論，這確實是合理的回應。然而我後來才知道，他們的反應更接近於恐懼前驅症狀期階段和失智症早期階段，害怕失去自己的認知能力。現在，我已經仔細理解阿茲海默症，並且親眼看過阿茲海默症的漫長發展階段，主要是以我醫師的身分，但也是因為我自己的家人，所以我明白上述的自殺式反應是如此的錯誤。

我不會否認病患與家屬因為阿茲海默症承受的痛苦，但我必須坦白說，沒有任何一位處於前驅症狀期階段，甚至是早期失智階段的病患想要尋死。因為我們即使失去了許多認知能力，依然可以與他人相處，並且享受人生；對於某些人來說，上述的道理似乎顯而易見。即使是在極度重視資訊處理、儲存和取用的現代，我的病患已經讓我明白，其實是我們過於重視計算資訊的能力了。**我們似乎不知道許多認知能力對於生活來說，其實並沒有那麼重要，與此相對，我們的核心人格特質、我們與家人和朋友社交的能力、我們歡笑與愛人的能力，以及我們被美所感動的能力，才是最重要的。**話雖如此，認知能力對於許多人的職業發展來說確實很重要，特別是像我這種類型的工作，認知能力的逐漸喪失將會導致沉重的代價。

我和賈斯珀一起回顧了阿茲海默症的發展階段；這是其中一個必要的事先準備，因為它決定阿茲海默症患者能不能發揮自己的專業能力。但就在這個時候，我發現自己已經進入了授課模式，所以在討論更具挑戰性的問題時，我們回到了更適合的對話方式。而我們探討的主題是：判斷德庫寧創作最後一個系列作品時，處於阿茲海默症的哪個「階段」，並決定阿茲海默症是否影響了德庫寧畫作的品質。

認知能力生病了，就等同沒有創作能力了嗎？

我們探討了如果一位藝術家和第一章提到的亨利．莫萊森一樣，在生命的晚期被摘除了海馬迴，這位藝術家的作品能不能反應他或她的才華？事實上，藝術家的皮質層視覺處理串流，從頭到尾都會保持完整，視覺皮質中樞與其他處理感官感受和情緒之間形成的連結，也不會受到影響，只要相關連結過程的時間是在海馬迴摘除手術之前的幾個月。因此，我們的結論認為，如果藝術家處於阿茲海默症的臨床前表現階段以及前驅症狀期階段，他或她依然可以保持完整的創作能力。

問題在於，德庫寧的阿茲海默症很可能已經在一九八〇年代期間，就擴散至皮質層，當時，他正在創作引發爭議討論的作品。德庫寧在一九八九年被正式診斷罹患了阿茲海默症引發的失智症，根據神經科醫師的經驗，病患通常在被診斷罹患失智症的幾年之前，就進入了失智症階段。阿茲海默症很難進行準確的評估，因為這種疾病的人體影響，完全不像藉由外科手術連續切除大腦的不同區域。**阿茲海默症的階段沒有明確的區分方式，而是從其中一個階段，宛如液體般流動至下一個階段。**一旦阿茲海默症逐漸影響另外一個區域，就會在該區域造成數年的惡化過程：在緩慢地殺掉神經元之前，阿茲海默症會先讓神經元枯萎生病。

雖然阿茲海默症在人體結構上的區域影響問題難以釐清，但賈斯珀和我提出了一個結論，認為德庫寧的阿茲海默症在一九八〇年代的多數時間，影響範圍已經超過了海馬迴，造成他的視覺處理串流能力也受到了影響，但範圍只有上皮質區域，其位置大約是視覺的中央樞紐。

對於這次的阿茲海默症大腦影響範圍定位任務，我立刻強調了一個非常重要的觀點：唯有進入最終階段，阿茲海默症才會開始影響大腦的感官處理串流，從中央樞紐影響至下皮質層樞紐，也就是大腦處理顏色和輪廓的區域。我們幾乎不會懷疑德庫寧大腦的下皮質區域，其在一九八〇年代期間依然保持相對的完整。

因此，藉由我們的對話，我和賈斯珀終於竭盡所能，完成了對於德庫寧的阿茲海默症的大致評估。德庫寧創作最後一個系列繪畫作品時，雖然阿茲海默症已經影響了他的視覺皮質處理串流，但範圍只有上皮質層區域。也就是說，他在中央樞紐的許多神經元雖然「生病了」，但依然活著，因此，中央樞紐運作的複雜感知處理過程雖然因此變得陰暗，但並非黑暗無光；中央樞紐神經元與其他資訊和情感形成的連結可能變得鬆弛，但依然存在。相較之下，在一九八〇年代的十年之間，德庫寧的下皮質層區域神經元，可能依然堅強地保持健康。

對於德庫寧的阿茲海默症病況的探討，至少可以在神經學上解釋為什麼在那段時間，他的作品與過去相較，創作風格會出現如此劇烈的改變：原本複雜的風格，對於人物、物體，以及地景充滿情感的描繪，還有色彩鮮豔的強烈筆觸都消失了，取而代之的是簡樸的色塊、簡單的色彩和輪廓。

不過現在的問題是，我們對於德庫寧阿茲海默症病況的探索，能不能判斷德庫寧最後作品的品質：德庫寧的認知能力是否受到嚴重受損，影響他作為一位藝術家的專業能力？神經科醫師時時刻刻都要回答這個問題，決定病患能不能繼續從事職業工作。神經心理測驗可以提供客觀的證據（就像機師檢驗汽車時的檢驗清單），明確記載受傷的海馬迴與前額葉皮質層，以及相連的其他皮質層區域是否傷害了病患的能力，例如處理和記住資訊的能力、順暢說話的能力、計算與操作數字和其他抽象符號的能力，以及應對時間和空間的能力。這種認知清單可以在實務上進行轉換，協助我們判斷大多數的病患能不能繼續從事專業工作，但無法用於評估一位藝術家。

決定一位藝術家的表現是否低於其平均水準，這個問題已經超過神經科醫師的範疇，必須留給其他專家；在德庫寧的事件中，就是在一九九五年前往德庫寧別墅的賈斯珀與一群藝術史學家。他們共同決定，除了少數幾幅作品之外，德庫寧人生最後一個系列作，多數都有足夠的藝術品質，也符合德庫寧的藝術創作軌跡，應該合格地視為德庫寧的終生作品列表。賈斯珀等人的認可與同意，讓相關作品列為德庫寧的作品，也成就了在一九九七年於現代藝術博物館幾乎一致受到好評的德庫寧作品展。

受到德庫寧個案研究的啟發，我深入地思考一位執業神經科醫師的結論：我認為，一位藝術家在原則上，可以在阿茲海默症的臨床表現前階段、前驅症狀期階段，以及失智階段的早期繼續進行藝術創作。身為一位認知科學家，對我而言，最有趣的結論在於，即使上皮質層區域的感官處理串流能力受損，藝術家依然能夠進行創作，甚至展現創作的才華，即使資訊豐富的相連神經網絡已經支離破碎——因為下皮質層區域負責處理資訊串流，而下皮質層區域的感官處理能力較為單純，相連的神經網絡更為稀疏，而且只有基礎功能。

聽完我的神經科結論之後，賈斯珀的反應只是側著頭，露出神祕的微笑。

睡眠是修剪樹突棘的過程，避免記憶爆炸

賈斯珀也對於自己創作《旗幟》系列作品時的創作過程，提供了一些觀察[2]。他不是對我說，而是在一九六〇年代出版的幾篇採訪報導中，他承認「睡眠」是創作過程的一環，以及他如何在夢中得到創作的啟發，決定以美國國旗作為主題。**夢境是一種已知[3]具備肥沃創作力的狀態，不只對於賈斯珀或其他藝術家，對於科學家來說也是如此。**我十分清楚，根本沒有必要請賈斯珀針對這個觀點提出想法，因為他必然會用沉默寡言應對這個問題。但是，我也發現賈斯珀應該會有興趣知道科學對於睡眠益處的新發現，以及相關研究正要開始解釋夢境如何幫助創造力。

身體的睡眠需求依然是生物學最巨大的其中一個謎題。為了生存，我們一天只需要用幾分鐘的時間進食飲水，卻被迫用幾個小時的時間睡眠，切斷自己與世界的連結，承受潛藏在四周的各種危險。

有些人很幸運，可以獲得身體需要的八個小時睡眠時間；即使睡眠時間稍微減少

幾個小時的人，人生當中也有大約三分之一的時間都脆弱地暴露在環境之中。雖然睡眠讓人承受極大的危險，但是，清醒與睡眠的交替循環對於生命而言如此重要，所有具備複雜神經系統的生物，都無法逃脫清醒與睡眠的日常循環。哺乳類動物如此（從人類到齧齒類），脊椎動物也是（從家禽到魚類），甚至低等的無脊椎動物都是如此（從蒼蠅到蠕蟲）。營養和水分對於人體功能的必要性很容易解釋，然而睡眠的需求依然是未知領域。

保持對環境的清醒意識可以提高生存機率，這確實是一個事實，而許多理論的假設都想要努力解釋睡眠的需求。為了生存，我們被迫在一天之內付出幾個小時，進入沉眠的無意識狀態。其中一個假設的雛型大約在四分之一個世紀之前提出，並逐漸獲得間接證據的支持。就在幾年之前，隨著複雜科技技術的演進，那個假設終於獲得檢驗與證實。

傑出的英國科學家法蘭西斯・克里克（Francis Crick）曾經在一九六二年共同獲得諾貝爾生理學或醫學獎殊榮，因為他找到方法描述基因的雙螺旋結構，點燃本書前幾章曾經提到的分子研究革命，而克里克在後來的職業生涯發展階段改變了研究關懷。克里克決定鼓起勇氣處理大腦科學最棘手的問題：「意識的本質」以及「睡眠的謎題」。一九八三年，他發表了一篇論文，針對睡眠的生物意義提出了假設，他用一句簡潔有力又令人震驚的句子總結了他的觀點：「**我們作夢，是為了遺忘。**[4]」

讀者應該還記得，在神經之中與記憶有關的東西，就是樹突上的小巧突起物，其稱為樹突棘。在我們的大腦皮質層中，有數十億個神經元，每個神經元都有數千個樹突棘，因此，樹突棘的數量是真正的天文數字。樹突棘的功能只有一個，就是根據人類的感受經驗，調整自己的大小以及藏在樹突棘中的神經傳導接受器數量。每根樹突棘都具備分子機制，可以因為人類的感受經驗而發芽成長，每一種經驗都會觸發大量的樹突棘生長。

請讀者想像你用一整天的時間配戴一種特殊的眼鏡，內建迷你攝影機，可以根據一幀又一幀的方式，記錄你今天看見的上千個畫面。到了那天晚上，你用幻燈片的方式回顧今天經歷的「奧德賽漂流記」，即使無法記得大多數的經驗，應該也能想起許多經驗。每次認出其中一種經驗的時刻，就代表數百萬根樹突棘在你的皮質層中成長；即使許多經驗會有重疊的資訊，因而產生重疊的樹突棘，但每個經驗至少都有一部分的獨特樹突棘。也就是說，你能記得相關的經驗，就是你的大腦必定在一整天都能保持成長的心理證據，即使只是細微的成長，亦是如此。

現在，請想像你要進行一場旋風式的世界巡禮，用一個星期的時間搭乘噴射機前往世界各地，每天的完整時間都用於欣賞不同風景：城市、叢林、山巒、古代遺跡、沙漠、田園鄉村，以及最無聊的渡假小島。每一天，你都在自己的大腦中灌輸數千個鮮明的獨特記憶，而每個記憶片段都像是成長了一整個草坪的樹突棘。我們先不討論空間問題，因為你的堅硬頭骨可以避免大腦過度膨脹生長，總之，**如果樹突棘的成長過於狂野茂密，就會造成認知混亂**。每個樹突棘的成長範圍有限，你的皮質層樹突棘遲早會填滿所有的空間。倘若這種情況發生了，就像飽和度過高的數位照片，像素之間沒有對比，過往經驗的記憶照片就會呈現一片蒼白，再也無法辨識。

由於沒有空間讓新的樹突棘成長，皮質層最後沒有空間留給新形成的記憶；換言之，如果你的皮質層感官處理區域充滿過度生長的樹突棘，你對外在世界的認知能力也會受到影響，如此一來，你的認知能力就可能變得扭曲：皮質層區域的神經元對於新進資訊過於敏感，甚至因為資訊超載而陷入狂亂[5]，導致正常的感官能力出現問題。

智慧型遺忘

克里克在一九八三年時首次提出睡眠可以解決上述的問題，而這個方法就是所謂的「智慧型遺忘」（smart forgetting），克里克的學生以及其他研究學者多年來一直都在修改、琢磨這個概念。根據神經元可塑性原則，睡眠，特別是作夢，對於應對日常經驗的樹突棘成長區域，應該會產生兩種恰好相反的效果。我們作夢時，海馬迴會刺激皮質層，重播皮質層中的經驗片段，但不會重現經驗錯綜複雜的完整細節。夢境就像電視影集的「前情提要」，只會重新展現重要的片段，讓觀眾能捕捉並增強故事核心的少數片段。藉由這個方式，海馬迴持續刺激少數幸運的皮質層樹突棘，將樹突棘穩定化，轉變為記憶，而記憶的成長可以反應我們日常經驗的重點。

然而，多數的新生樹突棘在睡夢時不會受到刺激。新生樹突棘形成的大規模範圍並未穩定，而且被海馬迴忽視，如此根據一般的假設，它們就會開始萎縮，那麼經過一夜好眠之後，我們可以期待新生樹突棘的少數區域將會穩定化，成為記憶。

但是，比較當天結束時的皮質層與隔天早上的皮質層，整體的效果其實是樹突棘萎縮，也就是說，睡眠的整體效果是遺忘。睡眠時發生大規模樹突棘被修剪，其附加益處確實有助於記憶（就像修剪樹枝，強調記憶的細節），但睡眠的主要益處——根據克里克的假設，其實是重新整理皮質層。藉由清潔與清除皮質層的草坪，**睡眠重新開啟皮質層適應未來記憶的空間，降低神經的興奮程度，以及有效刪除在皮質層中無關緊要的資訊**，也就是說，睡眠可以控制感官資訊輸入的處理過程與流量。

雖然以上的假設確實很合理，但直到過去幾年，相關的研究才能從實證上證明其中的基礎假定。二〇一七年，研究人員利用強大的新型顯微鏡[6]以及其他更細緻的研究技術，終於成功地在皮質層的廣大區域中調查樹突棘的大小。研究結果則是令人驚訝的明確：睡眠的整體效果造成樹突棘的萎縮，也就是遺忘。我們重新詮釋克里克過去其中一位學生的說法[7]，這位學生進行了許多前瞻性的研究，記錄了睡眠引發的遺忘。他曾經說過，睡眠是「我們必須付出的代價」，因為我們擁有的神經系統如此渴望學習資訊，因而演化了草率成長的樹突棘，只要稍微刺激，就會對於外部世界產生反應。

克里克假設的另外一個典雅之處，在於他的假設解釋了為什麼我們每天都要用漫長的時間，切斷與外部世界的連結。樹突棘的萎縮無法立刻發生，負責處理「主動遺忘」的精緻分子機制，必須用幾個小時的時間才能謹慎地切除新成長的樹突棘。因此，**相較於狼吞虎嚥的進食可以滿足飢餓，或者痛快的暢飲能夠緩和口渴，遺忘無法迅速完成；遺忘的過程必須緩慢且深思熟慮。**有些人被迫幾天無法睡覺，而他們的行為結果報告[8]也讓克里克的假設獲得更有經驗基礎的支持。如果睡眠對於記憶而言很重要——正如克里克早期假設的主張，那麼，失眠最後應該會導致阿茲海默症各個階段出現的記憶喪失，但實際的情況並非如此。

相關回報的症狀符合神經元的感官輸入過度敏感，以及皮質層區域的感官資訊超載與超量，所有的情況都符合睡眠的主要目的是為了遺忘、讓樹突棘萎縮並消除資訊。這種類型的缺乏遺忘，只要被迫承受數天沒有睡眠就會體驗到毀滅性的感受，明確出現的症狀就是認知的扭曲與狂亂。缺乏睡眠會影響視覺處理串流的所有層面：扭曲我們觀看顏色和輪廓的方式、認知中的個別元素，最後導致認知元素結合的整體陷入狂亂狀態，甚至造成短暫的幻覺。

創意，就是「鬆散」的聯想記憶

探討睡眠引發的效果時，也可以發現睡眠對於創作的益處。心理學家深入觀察[9]一般認為具有高度創意的人，比如：視覺藝術家、詩人、小說家、音樂家、物理學家、數學家，以及傑出的生物學家其個人省思的情況，而在他們的省思中出現了一致的趨勢。在語意上，「創作」暗示了新穎或創新；「有創作力的」代表一種更廣義的生產能力，然而，在諸位創作者的省思中，能概要說明創作過程並且反覆出現的描述，不是他們意外地創造全新的事物。更準確地說，**創意的火花出現在「既有元素」突然形成意外的聯想，也就是一種認知的鍊金術**。人們用於描述創作頓悟的詞語，包括一個人心中的元素如何「組合」，各種元素如何「相互碰撞，直到環環相扣……形成穩定的結合」，或者各種元素如何「藉由共同元素宛如化學親近的方式，在表面之下結合」。我個人最喜歡的描述方式來自英國詩人史帝芬·史班德（Stephen Spender），他描述自己的創作過程宛如「一朵灰暗的觀念之雲……必須凝結為文字的雨水」。

於是，心理學家開始設計[10]能捕捉上述創作融合過程的行為測驗。請思考以下三個單字：「大象」、「時間流逝」，以及「鮮明」。再思考一個單字，可以連結以上三個單字，答案是「記憶」；連結另外三個單字「老鼠」、「藍色」，以及「茅屋」的單字是什麼？如果你的答案是「起司」，那就是正確的回答（茅屋起司〔cottage cheese」）。即使你提出不同的回答，也可以仔細思考以上兩個答案（更多例子可參考章末的「遠距聯想練習」）。只要你將相關的單字拼湊在一起，自己想出或看見正確的答案，就可以明確地看出答案的準確性，你也會感受「原來如此」的驚訝時刻。

人類的心智在思考時沒有必須採用的標準路徑，也沒有任何公式可用於認知上計算正確的答案，但我們就是會找到答案，而正確的答案永遠都藏在皮質層的某個地方。你知道老鼠會吃起司，你也吃過，至少看過藍起司或者茅屋起司。但是，如果有人要求你針對「老鼠」進行自由聯想，「起司」可能不是第一個出現的反應，除非你的職業是起司銷售商人，否則藍色可能會讓你想到「天空」，茅屋則是引發對於「房子」的聯想。倘若你是一位有害生物防治專家或一位專業的補鼠人，已經實驗過不同的誘餌，所以聽到「老鼠」時，第一個聯想反應就是「起司」。相似的道理，假設你是一位記憶專家，就像我一樣，聽見「大象」、「時間流逝」，以及「鮮明」，比較有可能聯想至「記憶」[11]。

從另外一方面來說，我對於「記憶」這種類型單字的聯想能力較強，可能也會限制我的創作力。舉例而言，我只要看見海中最驚人的其中一種生物——海馬（海馬迴在拉丁文中就是指海馬），必定會立刻產生關於「記憶」的聯想。

創作的重點就是如此。創作需要既有的聯想（也就是記憶能力），但記憶同時也必須保持鬆散和有趣。藝術家們的省思也教導我們明白，創作能力冶煉於各種元素，在元素之間建立聯想，但必須是鬆散的聯想。所有的視覺藝術家都會沉浸在各種畫面、詩人流連於文字之間、科學家著迷於事實和觀念，但是，讓偉大創作者能夠鶴立雞群的原因，就是他們的聯想並非一成不變。

鬆散的聯想、各種元素之間的鬆散連結，以及就像蘊藏在泥土之中，而不是銘刻在石頭上的聯想能力，都是創作的條件，也像是遺忘的各種形式。然而，這種觀點成立嗎？遺忘有助於創作的證據[12]，第一次出現在心理學家想要在研究中使用不同的方法強化或鬆開兩個單字之間的聯想，例如「藍天」（blue-sky）或「茅屋」（cottage-house）。舉例而言，讓受試者反覆接觸相同的字詞連結，但研究人員發現，受試者對於字詞組合產生了更堅定的記憶，而受試者在創意測驗的初次表現成績較差，符合研究人員的預期。在隨後的幾天，受試者的創意測驗表現成績將會逐漸改善，而他們的改善符合目前已知的遺忘機制的發展時間。

以上的研究發現十分有趣。至於能證明遺忘與創作關係的其他證據[13]，來自於睡眠研究。睡眠研究明確地顯示，我們的創作力，無論使用創意字詞聯想或者其他的測量方式，都會在一夜好眠之後，特別是作夢之後出現顯著的提升。然而，實際測試時發現，睡眠益處的出現，不是因為睡眠可以讓人獲得休息，也不是因為作夢有助於人類心智將當天接觸的經歷凝聚為少數的記憶片段。

大多數睡眠研究的時間，都早於克里克的假設獲得決定性的證據之前，克里克認為：我們睡眠是為了忘記大多數的日常記憶。然而，得益於科學的後見之明，最後的結論是：藉由睡眠引發的遺忘，使得記憶的聯想成為鬆散和有趣的狀態時，人類就能獲得最大程度的創作力。

任何人都可以學習人類為什麼需要進食、食物如何消化、養分如何送到細胞，細胞又如何為了創造能量而燃燒自己。但是，沒有任何事物可以比親身經歷飢餓，更能準確地教導進食的需求。經過漫長且豐富的一天之後，你對於睡眠的感受，那種強烈的渴望以及無法承受的需要，就是完整理解人類遺忘需求的最好方式。一夜好眠的幸福，你的樹突棘獲得了整齊的修剪，你的心智變得輕盈且恢復活力，記錄著睡前當天的經歷。反之，經過失眠的夜晚，你感受的心思停滯與混亂，有一部分是因為大腦過度充滿沒有必要的資訊。

賈斯珀和我正要準備結束漫長的對話時，我們開始思考，究竟遺忘能力的演化是不是為了創作？人類和其他的物種都毫無疑問地受益於創造性的頓悟，但很有可能，正如本書前幾章的描述，創造力的展現其實是遺忘過程的附帶結果，因為物種演化遺忘能力的主要理由是「照顧認知與情緒」。然而，藉由讓心智變得輕盈，遺忘確實讓我們解開船錨，遠離讓心智變得沉重的記憶，畢竟這樣的記憶會妨礙我們進行天馬行空的幻想與創作。

■ 遠距聯想練習

項目	答案	項目	答案
茅屋／瑞士／蛋糕 (cottage／swiss／cake)	起司 (cheese)	擺動／輪子／高的 (rocking／wheel／high)	椅子 (chair)
奶油／溜冰鞋／水 (cream／skate／water)	冰 (ice)	露水／蜂巢／蜜蜂 (dew／comb／bee)	蜂蜜 (honey)
輸家／喉嚨／位置 (loser／throat／spot)	痠痛 (sore)	噴泉／烘焙／汽水 (fountain／baking／pop)	蘇打 (soda)
表演／生命／划船 (show／life／row)	船隻 (boat)	拐杖／爸爸／好吃 (cane／daddy／plum)	糖果 (sugar)
夜晚／手腕／停止 (night／wrist／stop)	手錶 (watch)	作夢／破碎／光亮 (dream／break／light)	白天 (day)
鴨子／折疊／美元 (duck／fold／dollar)	鈔票 (bill)	魚類／礦物／熱潮 (fish／mine／rush)	黃金 (gold)

項目	答案
黨派／驚喜／排隊 (political／surprise／line)	派對 (party)
測量／蟲子／影像 (measure／worm／video)	錄影帶 (tape)
蟲子／櫃子／結局 (worm／shelf／end)	書本 (book)
一場／鬥智／日期 (piece／mind／dating)	比賽 (game)
河流／紙鈔／帳戶 (river／note／account)	銀行 (bank)
印刷／莓果／小鳥 (print／berry／bird)	藍色 (blue)
派／幸運／肚子 (pie／luck／belly)	一壺茶 (pot)

項目	答案
歌劇／手／盤子 (opera／hand／dish)	肥皂 (soap)
受訓／膠囊／船 (cadet／capsule／ship)	太空 (space)
皮毛／架子／尾部 (fur／rack／tail)	大衣 (coat)
獵犬／壓力／射擊 (hound／pressure／shot)	血腥 (blood)
小木棍／製作／尖端 (stick／maker／point)	火柴 (match)
安全／緩衝／針頭 (safety／cushion／point)	大頭針 (pin)
約會／巷子／摺疊 (date／alley／fold)	盲目 (blind)

項目	答案
保存╱護林人員╱熱帶 (preserve╲ranger╲tropical)	森林 (forest)
煙火╱逃跑╱消防員 (cracker╲fly╲fighter)	火災 (fire)
花╱朋友╱偵查護衛 (flower╲friend╲scout)	女孩 (girl)
薄片╱移動迅速╱圓錐體 (flake╲mobile╲cone)	雪 (snow)

項目	答案
判斷╱禮儀╱地點 (sense╲courtesy╲place)	公共場所 (common)
醫護╱橡膠╱運輸馬車 (aid╲rubber╲wagon)	彈性繃帶 (band)
很高╱區域╱房子 (high╲district╲house)	學校╱法院 (school╲court)

※資料來源：Bowden, E. M., and M. Jung-Beeman, "Normative Data for 144 Compound Remote Associate Problems." *Behavior Research Methods, Instruments, and Computers*, 2003. 35(4): pp. 634–639.

第六章

謙遜的心智

認知捷思與認知偏誤

正如生命的所有面向，醫學領域的決策也很容易受到個人偏見的影響。舉例而言，醫師會被要求不得治療家屬，甚至是親近的朋友，因為根據美國醫學會的倫理規範，親近的關係將會對醫師的「專業醫學判斷」產生「不當影響」。當然，有時我們可以打破這個倫理規範，例如，發生緊急醫療情況的時候，但是為了減少醫療疏失，我們必須謹慎地留意自己的偏見。

「最小化偏誤」（minimizing bias）是醫師同仁治療親屬朋友時，我經常聽見的擔憂。有時，我們聆聽自己熟識的親屬朋友表達病徵時，其實我們並未細心傾聽或認真看待，而是傾向於最小化處理。舉例而言，我的一位醫師朋友並未認真看待自己的三歲女兒總是抱怨口渴，最後太晚發現女兒罹患了糖尿病。

事實上，所有的人際關係都可能造成決策偏差，更沒有任何醫學倫理規範禁止一位醫師治療另外一位醫師，但是面對這種情況時，我們依然必須留意個人偏見，因為最小化偏誤會導致我們並未認真處理或太慢處理問題所在；與最小化偏誤完全相反的則是「最大化偏誤」（maximizing bias），它有時就會出現在醫師之間的治療行為。也許是因為害怕自己對於醫師同仁的診斷過於笨拙，我們治療同仁時經常會有過度處理的傾向，例如排定進行過量的醫學檢驗。

「認知自己的認知」，也就是我們在認知中的各種傾向，以及偏見和缺失；而這就是所謂的「後設認知」（metacognition）。

我曾經有過一次後設認知的感受。當時，我正在瀏覽當天下午的約診病患名單，看見X醫師的大名，他是一位世界知名的傳染疾病專家，和我在同一間醫學中心任職。我和他沒有私交，但我知道他的大名，也曾經介紹一位家人前去看診。他和我一樣，似乎很清楚治療醫師同仁時可能出現的偏見，他從一開始就很明確地想要確定，我們之間的同事關係不會影響新成立的醫病關係。

他不僅仔細地介紹自己，還刻意稱呼我為「史摩醫師」，而且即使他是在替病患看診的空檔時間倉促地來到我的診間，也不會穿著醫師白袍。我決定配合他，刻意節制自己不要和他進行同事之間的閒聊，也沒有請他用我的本名史考特稱呼我；順帶一提，只要不是我的病患，我都會請對方用這種方式稱呼我。

容易健忘，是一種病態遺忘嗎？

X醫師已經進入四十歲後半，他提出了一個古怪的症狀主訴：一直以來，他認為自己比其他人更容易健忘，他很想知道這個情況是不是客觀的事實。我詢問他：「為什麼現在想知道？」他的回答是「只是因為進入中年，變得更為注意自己」，但事實上，這個答案只有一半的真實程度。

相較於我的另外一位病患，擁有「鋼鐵記憶」的卡爾，X醫師表示他從小學開始，就認為自己的記憶力不如同儕。我向他表示，他的記憶力不可能真的很糟糕，因為他的履歷表展現了卓越的課業成績。首先是在一間高度競爭的大學，隨後則是醫學院，而眾所周知的，如果想要在醫學院獲得優秀成績，一定要仰賴記憶力。

X醫師解釋道，他非常擅長「填鴨」，他可以「牢牢記住」新的資訊幾天，但隨後新的資訊就會像「隱形藥水」般從腦海中揮發了。無論是回想笑話、知名演員的姓名，或是他曾經短暫精通的學術知識，例如，就讀大學時記住的歷史事件日期，或者在醫學院時代學習的腦神經知識，他的記憶力顯然比其他人更糟糕。對於我的評估而言，這其中有一個非常重要的資訊：X醫師非常確定自己的記憶力並未隨著時間而惡化，只是他「頭腦天生就是記憶力比較差」。

我們完成了神經檢驗，並沒有發現任何異常，由於我非常清楚治療醫師同仁時很容易出現最大化偏誤，進而可能導致我們進行過多的醫學檢驗，所以我抗拒內心的誘惑，並未讓X醫師接受磁振造影或標準血液檢查，但是，為了協助判斷有沒有客觀的證據能證明他的記憶力確實低於平均表現，我詢問一位心理學家同仁，問她是否願意進行典型的神經心理測驗，正式評估病患的認知能力。

她同意了。兩個星期之後，測驗與成績計算都完成了，我們三個人一起在問診室走廊盡頭的認知檢驗室瀏覽結果。可能是為了讓X醫師覺得安心（畢竟，他是我們的同事），這位心理學家開場時，先恭維了X醫師擁有很高的智商。或許X醫師能從直覺知道自己的智商很高，又或許他以前就聽過相同的稱讚，他刻意忽視心理學家的讚美，立刻著手討論醫學上的問題，詢問他的主訴情況，也就是記憶力的問題。

正如我對許多病患和學生說明的內容，我向 X 醫師解釋神經科學如何根據大腦的結構，從語意上將空洞的「記憶」區分為不同類型的概念：海馬迴以及海馬迴形成長期記憶的功能；大腦的後方皮質層區域，此處為記憶的最後儲存位置；以及前額葉皮質層，協助我們從皮質層儲存區域存取記憶。另外，我也向他解釋神經心理測驗如何評估所有的記憶系統，而那位心理學家立刻知道，這是我請她接續話題的訊號，於是她開始詳細分析 X 醫師的測驗分數。

X 醫師的記憶儲存區域和記憶存取分數很正常，但是他的海馬迴功能低於正常值。我立刻加入他們的討論，表示雖然 X 醫師的海馬迴分數低於平均，但不是異常現象，正如身高的差異，X 醫師的記憶能力屬於正常分數中的較低區域。X 醫師也熟知醫學，因此他接著提出一個類比，並且彬彬有禮地指出：「雖然一個人在理論上的最高身高是由基因決定，但營養不良也可能會妨礙天生的身高。」他想知道這個道理是否也適用於記憶力？我的答案是：X 醫師的類比在「原則上」是正確的。

一直以來，營養都被認為可以影響認知能力。我們在二〇一四年發現一組特定的營養素[1]「黃烷醇」（flavanols），其對於海馬迴功能的關聯性特別強烈。許多水果以及綠茶都含有黃烷醇，其中，可可豆的黃烷醇密度最高，因此黃烷醇有時被稱為「可可豆黃烷醇」（cocoa flavanols），而現在的血液檢查正在努力實現測量黃烷醇攝取量的方法，但尚未問世。我們快速檢閱X醫師的日常飲食習慣之後，發現情況良好，因此，我認為X醫師低於平均的記憶能力很有可能是來自於基因。

我知道他應該會有興趣，於是我答應將最近發表的研究結果寄給他[2]；這份研究論文的內容已經找到與海馬迴記憶功能有關係的蛋白質，以及藏在蛋白質中的基因編碼，雖然我向他解釋相關的基因資訊沒有任何醫學治療的意義。我告訴X醫師，他的直覺很有可能是對的，他或許天生就是如此。X醫師也承認，他父親的記憶力是出了名的糟糕，所以我認為X醫師的情況很合理。X醫師似乎對於自己的記憶力確實是符合「客觀上」不好的結果，相當滿意——認識自己，即使發現你在某些特質上低於平均，有時或許能令人覺得心滿意足。

接著，X醫師把話題帶回智商。他想要知道為什麼他的智商非常高，但記憶力卻很低。那位心理學家巧妙地回答了這個問題，她解釋了智商的測量方式，以及決定智商分數的因素。她經常使用的智力測驗結合了不同的子測驗，每個測驗都是用於測量集體構成人類智商的不同大腦功能。其中，只有一個子測驗是大幅仰賴海馬迴系統，就是評估我們的字彙能力和地理或歷史的背誦知識。但實際上，X醫師在這類相關測驗的成績，只能勉強符合平均值，由此可見，他的優秀智商其實是因為在其他比較不需要海馬迴能力的子測驗獲得了傑出的分數。心理學家通常會將許多子測驗的成績結合為一種認知能力，也就是聽起來很重要的「執行功能」（executive function）。

「工作記憶」與「後設記憶」

執行功能聽起來很重要嗎？或許吧！執行功能是最重要的結果嗎？肯定如此！但是，執行功能比記憶或語言能力更為複雜，也更難解釋。這個話題已經引起了X醫師的學術研究興趣，他顯然想要知道更多知識，於是，我和那位心理學家決定恭敬不如從命。

就像政府或企業的高層，大腦執行部門的首要工作就是在接收資訊的串流中思考，並且解決相關「情報」提出的問題。如果經過內部的審議之後，大腦的行政部門決定必須採取修正行動，那麼，行政部門的第二個功能就是設計並執行最合乎理性的行動計畫。「神經心理學」確實擁有分析大腦行政部門第二個功能的測驗方法，舉例而言，用於評估一個人是否適合某個需要高度表現能力的職位。然而，我們這次使用的神經心理測驗，主要專注於大腦行政部門的第一個功能：理性思考以及分析如何解決問題。

X醫師在第一功能的測驗中取得卓越的成績，他的高智商也是來自於此。X醫師立刻就能理解，並且他將相關測驗的內容歸結是基本的數學概念——他一直非常擅長數學。「但是，究竟什麼是『數學』？」我和那位心理學家幾乎同時且略帶些許不悅的口氣如此回應他。歸結這個概念沒有問題，畢竟，每個人都是歸納簡化論者，但是，主張「思考就是數學」其實是一種循環論證，幾乎等同於「思考就是思考」。心理學家想要理解讓人類可以理性思考的心智運作過程，無論是用數學的方式或其他方式，而神經學家想要知道心智運作過程發生的神經結構位置。

我們先討論心理學。心理學家描述了另外一種記憶類型，它用於思考、解決問題或「數學計算」，稱之為「工作記憶」（working memory）[3]。工作記憶不同於海馬迴記憶，**所謂的工作記憶，是指我們能短暫記住足夠的資訊，來應對一段時間內的操作能力**。工作記憶就像我們的心智計算紙或塗鴉板，用於進行「日常用紙背面的計算」，也像心智中的拋耍雜技表演者，允許我們同時處理各種尚未決定的資訊片段。思考如何解開許多學生可能覺得煩人的學校經典數學問題：兩輛火車用不同的速度接近彼此，你必須計算火車相撞的時間或地點，就是一個使用工作記憶的好例子。在腦海中旋轉複雜的3D物體，或者在連續出現的物體中發現一個與其他物體不相符者，都有助於訓練分析記憶系統。

另外，一個更為單純的例子可以說明工作記憶在數學思考中的角色，則是我們所說的「減七法」（serial sevens）。我們會要求病患從一百開始減七：從一百開始的答案是九十三、從九十三開始的答案是八十六，以此類推，藉此測試病患的計算能力。工具記憶的影響範圍絕對不限於數理思維，而是能應用至所有類型的資訊。我們使用的另外一種測驗方式，則是請病患倒著念出「世界」（world）的英文拼法，這個測驗能顯示工作記憶在原則上能獨立於長期記憶之外運作，特別是工作記憶用於處理純粹的分析問題的時候。

話雖如此，工作記憶依然可以受益於長期記憶，因為記住「世界」這個單字的拼法，能減輕工作記憶的負擔壓力。在上述的所有測驗中，受試者都需要簡短地儲存新的資訊，或者存取舊的資訊（數字、字詞、物體、概念），資訊必須保留足夠的時間才能進行操作（計算、拼寫、旋轉、比較）。不過，**與依賴海馬迴的記憶不同，工作記憶的操作完成之後，就可以清除相關記憶**。

從神經學上來說，執行功能的總部位於前額葉皮質層，我們曾經在關於取回記憶的討論中提到這個大腦區域。前額葉皮質層非常巨大，是大腦內其中一個最大型的區域，其組織方式就像眾多集體行動的小型區域。前額葉皮質層接收執行功能需要的所有資訊輸入，它從皮質層感官區域接受關於外在世界的即時事實資訊（我曾經在長相與姓名的段落討論過），除此之外，前額葉皮質層也要忙碌地處理杏仁核發出的危險評估。另外，前額葉皮質層還可以根據需要存取舊的資訊；工作記憶的運作位置區域就像白宮戰情室，為了制定決策與行動計畫必須快速分析新舊資訊。前額葉皮質層也會協助處理執行功能的第二個目標，亦即設計和同意執行計畫，決定最好的運作方式並實際執行，其方法就是將結果直接送往負責處理人體運動的所有大腦區域。

對於大腦功能運作的腦神經研究，永遠都會是在大腦功能無法運作的時候，才能獲得最好的理解。前額葉受損的病患，他們的執行功能也會受到阻礙，但是X醫師和多數人一樣，都沒有看過前額葉受損的病患，因此，我們決定用更讓人熟悉的例子進行說明：孩童的大腦與行為。

人類離開嬰兒期、進入兒童期的時候，為了將所有感官資訊傳送至前額葉皮質層，基本上，需要使用的大腦後方區域的所有感官系統已經完全發育。也就是說，前額葉皮質層需要用於設計與執行行動的所有運動區域——特別是語言和肢體運動的協調控制，已整裝就緒，甚至依賴海馬迴的記憶系統也已經可以運作，而這個時間大約是三歲左右，所以我們對於嬰兒時期沒有記憶。

兒童唯一缺乏的，就是位於前額葉皮質層的執行功能總部。執行功能總部是前額葉皮質層的精緻結構，其發展遠遠晚於大腦的發育過程，唯有等到青少年後期或者二十歲初期才會開始完整運作。兒童可以和成人一樣記憶、認知，以及處理感官資訊，但是，由於兒童沒有成熟的前額葉皮質層，他們無法妥善進行理性思考或決策，也沒有方法控制自己的衝動。神經生物學家明白這個道理，立法者也一樣，所以他們不願意讓兒童擁有投票權；汽車保險公司更是如此，他們向青少年收取更高的保險金額。X醫師很著迷於以上的知識，他感謝我們確認了他長久以來對於自我認知的猜測，真誠地感激我們分享的神經學課程。

X醫師的認知能力情況有助於強調另外一種認知特質，而這種認知特質與我的阿茲海默症患者有直接的關係。X醫師的海馬迴記憶能力不好，但是他的「後設記憶」（metamemory）很優秀，也就是說，X醫師對於自己的記憶能力有著很好的認識。後設記憶是後設認知的其中一個分類；**所謂的「後設記憶」是我們對於自身記憶能力的主觀認識能不能妥善地反應在客觀的記憶能力上**。事實證明，記憶能力光譜上的多數人，無論其記憶是明顯地更為優秀或低下，或者是介於優秀與低下之間，都有很好的後設記憶。

我們有許多病患，特別是處於阿茲海默症早期階段的病患，都能維持正常的後設記憶：他們完全知道、也承認自己的認知能力已經出現令人悲傷且無法阻止的退化。然而，基於我們迄今依然無法完全理解的某些原因[4]，有一些病患並非如此幸運。他們不只失去了記憶力，更甚者，他們也沒有對於喪失記憶力的後設記憶。而無法承認情況逐漸惡化的病患，通常都會因為認知能力喪失造成的不良後果，承受最大的痛苦。

我在醫師生涯中最難過的經驗之一，就是被傳喚至法庭作證，反對我的其中一位病患。他是一位六十八歲的男士，因為逐漸惡化的失智症撞毀兩輛汽車。由於他的後設記憶不良，他否認自己的認知能力惡化，拒絕放下汽車鑰匙，從此不再駕駛汽車。他的家人別無選擇，只能訴請法院仲裁，法官的最終判決結果對他不利：撤銷他的駕照，並且同意家人取走他的汽車。即便這是一個符合司法正義的判斷，但依然是一場徹底的悲劇。

避免誤判的「智識謙遜」

現在我已經可以從神經學的角度，來理解X醫師為什麼向來能用「直覺」發揮的能力。在與認知能力最有關係的大腦結構區域之中，X醫師的前額葉皮質層能力高於平均，海馬迴能力則是低於平均。因此，更廣義地來看，他有很好的後設記憶以及後設認知。沒有其他醫學檢驗顯示他必須治療的跡象，就我個人的專業而言，X醫師的診察已經結束了。

但是，我們離開那位心理學家的辦公室之後，X醫師將我拉到一旁，希望再借用我的一些時間，他有某個東西想要讓我看一看。由於今天不是我的門診時間，且另外一位神經科醫師正在使用問診室，因此我們決定去我的實驗室，它位在另外一棟大樓。在走過去的路上，等待電梯升至位於十八樓的實驗室時，我們恢復了醫師與醫師之間的同事關係：感嘆電梯的速度愈來愈慢，討論近來醫院高層人事更動的傳聞。到了我的實驗室之後，X醫師終於透露他最近為什麼又有興趣理解自己的記憶力不良問題，而這件事情與醫療決策有關係。

作為本校醫學院的委員會成員，X醫師的主要使命是精進教學內容，所以他總是關注最新的醫學研究結果。他最近讀到一篇論文[5]探討「智識謙遜」（intellectual humility）在醫療決策中的重要性——為了找到正確的最終診斷和治療計畫，以及醫學院如何教導學生學習智識謙遜。**作為後設認知的延伸，智識謙遜讓醫師能夠敞開心胸，接受自己初次判斷錯誤的可能性**。原則上，大多數的醫師更傾向於改變自己的初次判斷，再提出另外一種更為精確的判斷。他們不像航空飛行員、消防員、汽車駕駛，或急診室醫師必須迅速做出決定，以面對即刻發生且可能危害生命的結果，因此大多數的醫師通常可以更緩慢地做出診斷決定。

第一次評估病患的情況時，多數的醫師都會針對最有可能的診斷，快速提出初次決定，並且在心中記住其他的可能性。這樣迅速的決策，基本上足以處理常見與顯著的疾病，但是對於更為複雜的疾病，一般而言我們都必須花時間仔細思考問題，如果有必要，不僅要回顧醫學文獻，還會諮詢同仁的意見，才能提出最後的診斷。當然，最後的診斷是根據後來的檢驗結果，但良好的醫治行為應該要在第一次評估時便提出最有可能的診斷結果，如此可以避免讓病患承受不舒適、有風險、昂貴，而且沒有必要的檢驗。

初次判斷最有可能的病徵或病因時，我們的記憶力顯然是關鍵的因素。但是，如果我們第一時間的判斷是錯誤的，智識謙遜就會變得更為重要，這樣我們才能改變想法，增加提出正確診斷的機會；這個過程稱為「追蹤真相」（truth tracking），而與之相反的是「尋找真相」（truth seeking）。許多人都會尋找真相，但唯有在認知上具備一定程度智識謙遜的人，才願意踏上有時顛簸的旅途，繼續追蹤真相。

我們有很多方法可以教導醫學院的學生學習智識謙遜，比如，藉由強化他們對於醫學決策偏見的認識（性別與族群就是很好的範例）、讓他們更為敏感地注意到改變己見的美德，以及提醒他們謹慎看待驕傲、偏見和傲慢，而實際上以上所有的方法都已整合至醫學教育之中。但是，X醫師想要知道何種因素可以自然地提高一個人的智識謙遜。外界一致認為X醫師是一位診斷能力極為優秀的醫師，他非常謙虛地將卓越的診斷能力歸功於他擁有高度的智識謙遜，而他懷疑這樣的智識謙遜，來自不良的記憶能力以及他對於自身記憶能力不佳的認知。

X醫師詳細地描述了醫學院常見的經驗。醫學院的臨床訓練依循蘇格拉底式的教學方法：由「主治醫師」（attending）率領一群實習醫師，主治醫師負責主要的醫療行為，而其他的實習醫師則一起前往新住院病患的病床旁；隨後，他們會聚集在教學室或病房的走廊盡頭，討論每位病患的情況。這時主治醫師進入完整的教學模式，開始詢問實習醫師並請他們提出初次診斷的意見。此時，通常會有一位特別突出的實習醫師，他擁有優秀的記憶能力，可以背誦不同的可能病因診斷和最值得考慮的醫學論證思維。X醫師描述這種人的頭腦就像「一臺機器正在檢閱一疊索引卡片，每張卡片都有相關的診斷內容與細節。機器開始掃描，直到發現與病情吻合的卡片」。X醫師的口吻雖然帶有一絲嫉妒，但沒有惡意，他知道自己的頭腦不是採用這種運作方式，他也永遠不會是那位突出的實習醫師。X醫師可以提出自己的可能診斷，但除非他看見顯著的病徵，否則他無法確定自己的想法就是最有可能成立的診斷結果。

此外，每位實習醫師都會被分配到一位病患，並在主治醫師的監督下，決定病患應該接受的合適檢驗是什麼。幾天之後，醫療團隊再度見面討論，決定最終的正確診斷為何。但是，為了得到最好的教育效果，主治醫師會先詢問其他的實習醫師，對於他們並未親自處理的病患，也試著提出最終的診斷結果。X醫師已經學會不要相信自己迅速提出的診斷決定，他會在處理不同病患的間隔之中，用幾天的時間慢慢思考每個病患的情況。

在醫學院的巡診日子，X醫師發現他自己找到最終正確診斷結果的平均打擊率，比其他擁有更好記憶力且比較不願意改變自身想法的實習醫師，更為優秀。X醫師開始建立自己的名聲：他不是第一個也不是最快提出診斷，但通常是最精準的，他是一位善於做出正確診斷的優秀醫師。在擔任內科實習醫師和博士後研究期間，X醫師持續奉行那套緩慢而井然有序的醫學決策方法，並且應用在往後的醫師執業生涯中。

X醫師擁有傑出的自知以及反思自我的心智，他非常熟悉所謂的「敘事偏誤」（narrative bias）——這是一種藉由創造不真實或過度簡化的故事（以回溯的方式把事件與一連串的起因連結起來）來合理化一時的衝動。因此，X醫師明白，雖然他相信自己的敘事——也就是不良的記憶力提高他的醫學決策能力，但他的敘事可能就是典型的「敘事謬論」（narrative fallacy）。他向我提出的問題非常單純：有沒有任何客觀的證據可以支持他的假設，即記憶力差與更好的醫學決策能力有關係？而他現在知道不良的記憶力來自於海馬迴的表現較差。

我很熟悉醫學決策的相關研究，因為這種類型的研究已經成為大腦科學領域的熱門主題之一，但我承認自己現在沒有答案。我承諾會仔細思考，再將自己的想法告訴他。

為什麼會產生「視錯覺」？

各界一致認為丹尼爾．康納曼（Daniel Kahneman）博士是人類決策研究領域之父，這個領域的完整研究在一九七四年橫空出世，當時，康納曼與關係緊密的合作夥伴阿摩斯．特沃斯基（Amos Tversky）在《科學》（*Science*）期刊發表了一篇前瞻性的論文，標題是〈在不確定性之中的判斷：捷思法與偏誤〉[6]（Judgment Under Uncertainty: Heuristics and Biases）。

經濟學大量吸收了決策領域的研究，而決策研究也證明了對於經濟決策非常有用，有時候甚至被稱為「神經經濟學」（neuroeconomics）。事實上，決策研究的成就讓康納曼在二〇〇二年榮獲諾貝爾經濟學獎，以表揚他「將心理學研究的洞見整合至經濟科學，特別是在不確定性之中的人類判斷與決策」。隨著決策制定的重要性延伸至其他各個領域，康納曼在二〇一三年獲得由美國前總統巴拉克・歐巴馬頒發的自由勳章。

除了突破性的科學研究成就之外，一九七四年這篇經典論文的另外一個著名之處，就是清晰明確的寫作方式。兩位作者解釋「捷思法」（heuristics）和「偏誤」（biases）的意義，並將這兩者應用至「認知」（cognition）中，從人類大腦的另外一個系統「知覺」（perception）進行類比。

我們都很熟悉「視錯覺」（optical illusion），例如，如果一條直線的左右兩端都有開口朝外的箭頭，在視覺上會讓人誤以為這個箭頭線會比相同長度但左右兩端沒有箭頭的線更長。另外一個例子是奈克方塊（Necker cube），在一張紙上畫兩個正方形，兩個正方形彼此交疊，並且用線端連結四個角，這時，我們的腦海就會浮現一個錯覺：在一個二次元的圖畫中，出現了三次元的立體方塊。

特沃斯基與康納曼在論文中的開頭提出了另外一個常見的視錯覺，亦即藝術家經常使用的手法，利用物體的銳利度來影響我們感受的距離：物體看起來愈模糊，距離看起來愈遙遠。初級視覺皮質層的任務是迅速判斷人類看見物體的長度、大小和距離，而初級視覺皮質層達成結論的方法是經驗法則和計算上的捷徑，也就是特沃斯基與康納曼所說的「捷思法」。

在初級視覺皮質層中發生的計算過程，已經演化為採用經驗法則的方式，因為比較模糊的物體，確實有可能比較遙遠——很有可能，但並非永遠如此。**視覺皮質層內建的捷思法，能加快我們處理視覺資訊的速度，但我們必須付出的代價，就是可能遭到捷思法這種經驗法則的愚弄。**舉例而言，在濃霧中開車很危險，因為視覺的捷思法可能會讓我們陷入視覺陷阱，以為其他汽車的距離比實際上更為遙遠。此外，正如任何一種心智陷阱，視錯覺可以讓人覺得有趣，例如，荷蘭藝術家莫瑞斯．柯爾尼利斯．艾雪（Mauritz Cornelis Escher）的著名之處就是擅長發揮視錯覺的樂趣。但是，視錯覺也會導致我們觀看事物的方式承受潛在的危險偏誤。

如同視覺的捷思法加速了我們的觀看，康納曼和特沃斯基假設，人類大腦應該有認知的捷思機制，也就是心智運作的捷徑，好讓我們在面對認知決策，亦即需要使用執行功能的決策時可以加速思考，例如：陪審團決定被告是否有罪、股票經紀人決定是否投資，或者醫師決定正確的醫療診斷。康納曼和特沃斯基隨後檢閱人類決策時出現的認知捷思現象，並在論文中表示，正如視覺捷思現象可以誤導我們發生視覺錯誤感知，產生視錯覺，認知的捷思現象也會讓我們發生不理性的思考、形成錯誤的決定，甚至產生認知錯覺。

「視覺捷思」仰賴視覺皮質層的計算方式，「認知捷思」則是仰賴我們的記憶。

為了說明，請讀者思考五乘以六的答案是什麼？你的心智立刻就會決定三十是正確的答案，但不是因為前額葉皮質層的工作記憶實際進行了緩慢且冗長乏味的連續計算：五乘以一等於五，五乘以二等於十，五乘以三等於十五，五乘以四等於二十，五乘以五等於二十五。更準確地說，你必須感謝童年時期的海馬迴在小學期間記住了答案，讓你成年之後的前額葉皮質層，只需要從皮質層記憶儲存區拿出已經記住的乘法表。迅速回憶並且背誦記住的乘法表格，這個能力就是認知捷思的例子，其用於加快做出決策。

人類的心智已經演化到使用認知捷思，因為認知捷思能協助我們更快速地思考和制定重要的決策。但是，決策研究領域最有趣的心理學發現之一，就是即使我們不需要快速思考、擁有充裕的時間、沒有必要仰賴認知捷思，我們依然偏向於使用認知捷思。之所以會有這種傾向的單純理由，就是人類在認知上的懶惰。我們只會在真正必要的時候，才會悶悶不樂地使用工作記憶。十五乘以十六的答案是什麼？我現在可以聽見讀者集體發出嘆息，表達各位內心對於這個問題的厭煩，因為這個問題沒有簡單的答案，你的心智必須進行真正的計算工作。

然而，我們使用認知捷思的強烈偏好可能會讓我們產生偏誤，進而做出錯誤的決策。請讀者嘗試回答康納曼和他的研究團隊在後來一篇論文提出的問題：「一支棒球棒和一顆棒球的價格是一百一十元，球棒的價格比球高一百元，球的價格是多少？」如果你的答案和大多數人一樣是十元，那是因為答案立刻出現在你的腦海中，並且有足夠的信心可以回答正確。但如果你放慢思考的速度，開始應用工作記憶，就會發現上述的答案不可能是正確的；這個問題就是一個認知錯覺。

倘若棒球的價格是十元，代表球棒的價格是一百一十元，球棒與球的總價格就會是一百二十元。工作記憶可以協助你緩慢但確實地理解，五元才是正確的答案。但是，你沒有說出口的，才是這段計算過程中最有趣的現象。

在回答之前，許多人都會產生不同程度的感受，察覺「十元」這個答案可能有問題。那麼，為什麼相較於「十五乘以十六」（你甚至不想貿然提出回答，因為你明白你必須使用工作記憶），你決定回答球棒的價格？因為「十五乘以十六」對於大多數人而言都是一個數學問題，與記憶聯想沒有關係，而「球棒與球」的價格問題經過設計，刻意觸及我們的記憶——使用熟悉的物體、熟悉的價格單位、熟悉的整數，以及熟悉的交易金額。所有的元素都像潤滑油一樣放入這個問題，迫使我們進入認知的捷思模式，認為答案是「十元」。

如果討厭數學的讀者認為，認知捷思的偏誤僅限於數學問題的決策制定，那麼，請嘗試回答以下的問題：美國的哪個州首都擁有較高的建築？紐約州或賓州？許多人可能都會倉促地提出錯誤的答案：紐約。即使他們放慢思考，想起紐約州的首都其實是奧爾巴尼（Albany），而奧爾巴尼的高樓少於賓州首都費城，但他們的前額葉皮質層還是會立刻從記憶儲存區域想起更為喧囂吵鬧的紐約市。

決策制定領域創造了一系列相似的問題，這種問題稱為「摩西錯覺」（Moses illusion），以下這個問題最常用於說明認知捷思的重點：「在摩西帶入方舟的動物中，請問每個類型的動物共有幾隻進入方舟？」許多人都會立刻回答兩隻，但是經過仔細和緩慢的思考之後，他們都會改變心意，發現正確的答案是「零」。因為將眾多動物帶入方舟的人是諾亞，不是摩西。如果一個人在成長過程中沒有接觸過舊約聖經，對於舊約聖經的故事沒有記憶，就不會成為記憶捷徑的受害者，因為他必須緩慢地思考，查詢百科全書或者 Google 搜尋引擎，才能找到正確答案。

討論所有類型的決策制定時，烏龜的緩慢心智，通常都能打敗倉促且過度自信的狡兔。

情緒，真的會影響我們的決策能力嗎？

長久以來，關於人類為什麼在制定各種大大小小的認知決策時，無法永遠保持純粹的理性，有一套說法：一般相信，是我們的情感和情緒導致了認知決策的偏誤。直到康納曼和特沃斯基的論文於一九七四年問世之後，決策研究領域才反駁了這個說法。

上述觀點的基礎假設認為，如果我們可以用純粹的認知心智，冷靜且毫無情感地處理認知問題，就會得到最理性的決策結果。與此相對，康納曼與特沃斯基論文的劃時代之處，在於展現捷思法已經內建在我們的純粹認知心智。沒有人能將人類比喻為視錯覺的受害者，因為某些錯誤的認知其實來自於人類自身大腦的另外一個部分。為此，正如視錯覺來自於視覺皮質層處理視覺資訊的方法，認知錯覺也鑲嵌在仰賴記憶的認知心智處理過程，而不是情感或情緒。

我們都有行為非常理性的朋友，然而他們似乎也會做出荒謬的不理性決策。不理性的決策可能就像心智的香蕉皮，他人不慎滑倒的畫面或許很有趣，帶來娛樂的荒謬結果；不理性的決策也可能很像顯而易見的陷阱，但實際上並非如此。即使我們和其他人都陷入了相同的認知陷阱，相較於自己，認知的陷阱出現在他人身上時更容易觀察。這樣的認知陷阱不像每個人都是獨一無二的指紋或視網膜，相反的，認知捷思及其所造成的偏誤是全人類心理的共同成分。

對於 X 醫師想要知道不良的海馬迴功能在決策制定中扮演的角色，我認為，康納曼是最佳的回答人選。所幸，一位同仁與康納曼有私交，他願意協助接洽。當康納曼回覆我的聯絡時，我非常高興，他邀請我前往他位於格林威治村的住家。

康納曼的頂樓公寓可以眺望整座紐約市。從康納曼家中的窗戶望出去，我的心中浮現了一種神奇的懷念感受，眼前這個時刻出乎意料地與過去的某個時刻相連。那時候，我還是紐約大學心理學系的研究生並發表了一篇論文，探討人類的情感狀態如何誤導自己的所見。當時，我當然知道康納曼的前瞻作品，而幾十年過去了，現在我在康納曼的家中，準備和這位大師討論人類的偏誤。

康納曼堅持要我用「丹尼」（Danny）稱呼他，他彬彬有禮地邀請我進入客廳。他的客廳汗牛充棟，書櫃從地板延伸至天花板。他請我坐在一張巨大、立體派藝術風格的沙發，他自己則是坐在對面另外一張一模一樣的沙發上。或許是因為我知道他的時間肯定非常有限，又或許是因為我有點緊張，我立刻詳細說明來訪的理由。待我終於停下來喘口氣（另一次的後設認知時刻，我聽見自己倉皇說出的句子），我開始擔心自己是不是說了太多。丹尼看起來十分冷靜，臉上還有溫暖的微笑，他說：「你來這裡侃侃而談的，對嗎？」自此之後，我們開啟了往後一系列對談的首次對話，而這一系列的對談地點，不是在他的住家，就是在他住家附近他最喜歡的餐廳裡；我們討論了人類的決策、記憶的影響，以及改變人類心智的因素。

我開始明白，康納曼一開始想要讓我放鬆的反應，不只是因為他是一位眾人崇拜且彬彬有禮的教授，他已經知道如何安撫一位過度渴望獲得知識的學生。更準確地說，即使我們出現了爭論，康納曼的行為風度依然保持熱誠且撫慰人心。在我看來，已經八十歲的丹尼，就像一位擁有傳教士特質的人成為了學者，其一生都奉獻於探索人類心智的陷阱。

誘導消費者購物的聯想偏好

請讀者容許我在此進行一次思想實驗，探討人類在制定決策時使用的所有神經學性格特質。

現在，想像你是一位反恐特勤組（SWAT）的隊員。某天下午，你接獲任務前往當地的一間大學，武裝的白人至上主義者將學生人質囚禁在圖書館。車子快速奔馳，警鈴刺耳嘹亮，你坐在反恐特勤組的黑色廂型車後座，在前往的途中和隊員一起努力記住所有相關的資訊，你的杏仁核開始指揮海馬迴必須快速行動：記住圖書館的地形配置、圖書館的入口與出口，以及預估的人質數量。最重要的是，目前知道有三位恐怖攻擊嫌疑人，但情報只收到其中兩人的照片。

抵達現場之後，你和隊員聚集在圖書館大門之外，反覆檢查裝備，安靜地蹲在前門的左右方；談判陷入僵局，人質有即刻的危險，指揮官發出訊號，要求反恐特勤組突破前方大門，丟入暈眩手榴彈，立刻衝進圖書館。在幾秒鐘的時間，你的任務是觀察圖書館、辨識誰是嫌疑犯，決定是否開槍射擊、射擊的對象是誰，以及射擊的方式。你必須區分誰是白人至上主義的恐怖攻擊者、誰又是學生，以及決定用最安全的方式解除恐怖攻擊者的武裝，同時避免傷害學生。

為了應對過度活躍的杏仁核，你的血液現在充滿皮質醇與腎上腺素，但這件事情很簡單，多年來的訓練與經驗就足以處理。最困難的部分，當然是決策錯誤：你意外殺害一位人質之後感受的悔恨與自責，即使你所有的行動都是正確的，且事後的正式調查報告也認為你沒有責任。

其中一位恐怖分子和照片長得一樣。他拿著步槍瞄準你的隊員，他拒絕放下槍，於是你開槍攻擊他。在圖書館內部的一扇門旁，站著另外一個男人，你認為他就是第二位恐怖主義者，但他與照片不太像，現在蓄著滿臉鬍子。你無法確定，所以猶豫，但你的心智立刻產生反應，認出那個人的長相符合犯罪檔案照片，你也看出那扇門就是圖書館的其中一個出口，他必然正在看守。於是，你的心智迅速地計算兩個事實，你很確定自己找到第二位恐怖分子。他拒絕配合你的要求，不願意放下武器，你開槍攻擊他。

你知道現場還有第三位恐怖分子，但對方究竟是男是女？現在，你幾乎無法確定，你的心智開始進行計算推測：很有可能是男性，而不是女性；很有可能是白人，而不是其他膚色的人。你知道白人至上主義者通常都會剃光頭，也喜歡穿著黑色皮衣。於是，你開始掃描現場的每個人，你的心智則是迅速地計算各種可能性，直到你發現一個身在圖書館遠處的人，他把手伸進自己的皮夾克，你認為他必定是第三位恐怖分子，你認為他正要取出手槍，所以你開槍攻擊他。但事後證明，你錯了，你殺了一位無辜的大學生。

事實上，每一次開槍攻擊的決定，都是在前額葉皮質層經過執行功能的計算結果；只要超過一定程度的信心，就會同意執行你的決策。

第一個開槍攻擊的決策，只需要非常微小的前額葉皮質層計算，因為你對於恐怖分子照片的記憶依然清晰。第二個開槍的決策則需要更多仔細的思考，也就是更多的前額葉皮質層計算，才能判斷兩個比較不明確的觀察；你認為第二個人就是照片中的男人，但因為嫌犯的鬍子，無法完全肯定，因此你的前額葉皮質層必須能在腦海中轉動圖書館的地圖，才能判斷那位嫌犯可能就是在看守出口。每個不同的觀察結果本身可能都無法符合開槍的信心指數，但綜合所有觀察結果之後，就滿足了信心條件。

那麼，是什麼原因導致你的前額葉皮質層判斷錯誤，悲劇性地將無辜的學生誤認為第三位恐怖分子？最主要的因素就是稱為「聯想偏好」（preference by association）的認知捷思偏誤。你沒有看過第三位恐怖分子的照片，因此沒有對於他或她的長相記憶。然而，經過多年的經驗，你已經建立了關於白人至上主義者長相的記憶聯想網絡。當被迫在沒有確定資訊的情況下做出決定時，前額葉皮質層因為使用了聯想記憶網絡而產生偏誤。

事實上，廣告業者經常使用這種特定類型的認知捷思。決定購買何種產品時，我們都會潛意識地受到產品製造公司的影響。如果你熟悉如何使用影像編輯軟體，請下載相同的汽車照片，複製為兩張，在其中一張加入一隻拉布拉多犬的照片，再將兩張照片快速地讓朋友觀看，要求他們迅速地選擇自己更喜歡其中哪一輛汽車。由於過去曾經對於可愛迷人的拉布拉多犬建立了記憶聯想網絡，所以他們將會因而產生偏誤——幾乎所有的愛狗人士都會選擇有狗的汽車。

你可能還記得心理學家第一次描述由海馬迴形成的有意識記憶，他們將這種記憶稱為「外顯記憶」。他們之所以提出這個稱呼方式的原因，是因為我們通常都有意識地知道外顯記憶的聯想網絡。

舉例而言，如果請你回想一位童年時期的朋友，你可以顯著明確且有意識地想起他們的名字、他們的人格特質，以及你第一次遇見他們的時間與地點。與此相對，聯想形成的偏好則是內隱記憶的例子，因為你在潛意識中藉由例如車子與小狗形成記憶的聯想。**廣告業者就是利用了內隱記憶的潛意識特質，但由於消費者不知道相關的聯想，就不太可能克服自己的偏誤與偏好了。**

內隱記憶與決策制定的關係

內隱記憶還有其他方法可以影響你的決策，以下是內隱記憶如何影響決策的著名例子。請想像我向你提出這個要求：「說出你看見SO_P之後，腦海想起的第一個英文單字。」如果我在提出要求之前，曾經悄悄地提到食物，你過去的記憶——亦即用內隱的方式種植在你的心智中，你的意識並未發現，就會提高你回答「湯」（SOUP）的機會。倘若我在你的記憶中植入了關於清潔的聯想，你的前額葉皮質層就更有可能回答「肥皂」（SOAP）。這種「記憶促發」（memory priming）可能相當顯而易見，但請回想「球棒與棒球」的問題，這其實是經過刻意設計來迫使你提出錯誤的答案，因為問題的內容使用了你熟悉的物體，從而利用了你的內隱記憶。

心理學對於「外顯記憶」和「內隱記憶」的二分法，也獲得傳統神經科學中記憶研究領域的認同。外顯記憶在神經學上的定義是仰賴海馬迴形成的記憶，正如我們在本書過去幾章討論的內容；與此相對，內隱記憶的神經學定義，則是其形成與功能皆完全獨立於海馬迴之外的記憶。根據上述的觀點，作為一位反恐特勤組的隊員，你第一次與第二次開槍的正確決策是根據仰賴海馬迴的外顯記憶，你的前額葉皮質層也能相對容易地判斷。

正如康納曼在一九七四年出版的前瞻論文標題，那些都是「在不確定性之中的判斷」，然而不確定性之中的判斷對於決策制定領域的研究人員來說，更為有趣，因為在不確定性之中，人類大腦的捷思更容易導致我們誤判與「失足」，主要的原因就是獨立於海馬迴之外的內隱記憶。至少在二〇一二年遭到推翻之前，上述的觀點已經成為普遍的假設[7]，不過二〇一二年時，一篇論文呈現了完全相反的觀點，而這觀點也迅速進入了決策制定研究的萬神殿。

這篇研究論文，同樣刊登在名聲響亮的《科學》期刊，也就是康納曼首次提出認知捷思心理學的期刊；該篇論文是使用功能性磁振造影技術，尋找聯想捷思偏好在人類生物學中的結構位置。**這篇論文的研究結果不只證明海馬迴確實參與了內隱記憶，也發現海馬迴實際上驅動了內隱記憶聯想。**在分析的研究範圍內，如果受試者的海馬迴活動愈活躍，受試者就愈有可能因為聯想捷思偏好產生偏誤；受試者的海馬迴活動程度愈低，受試者倉促決策的機率就愈低。隨後的其他研究也確認了該篇論文的結論，而這一連串的發現也促成我們理解內隱記憶的重大轉變：顯然，外顯記憶和內隱記憶都仰賴於海馬迴。

我們現在知道海馬迴的功能[8]如果不是驅動絕大多數，至少也驅動了大量的認知捷思，協助前額葉皮質層進行判斷，而這種現象通常可以帶來益處。舉例而言，購買汽車的時候，能協助我們明確地記住自己駕駛汽車時經常面對的地形和天氣，但是，海馬迴也可能創造潛意識的認知陷阱，導致我們產生偏誤，做出錯誤的決策，例如你可能會購買一輛汽車，原因是你在內隱記憶中將汽車聯想到在廣告上看到的可愛小狗。

康納曼也同意二〇一二年那篇論文中所提到，認為海馬迴功能較差的人（比如X醫師），被認知捷思誘導的機會較低，而該篇研究論文的作者群普遍贊同我們的詮釋。因此，我詢問康納曼是否認為：如果有一個人的海馬迴能力和X醫師相同，對於自己的記憶力比較沒有自信，是不是更有可能改變自己的心意，從原本錯誤的決策轉變為正確的決策？請讀者回憶方才提到的反恐特勤組的例子，你受益於海馬迴的功能，正確判斷前兩位恐怖分子，但是第三次也因為海馬迴的功能，導致判斷錯誤，承受悲劇性的結果。

康納曼同意「信心」（confident）是制定決策的關鍵，而在決策制定研究領域所使用的名詞是「認知反射」（cognitive reflection），也就是我們仔細思考決策，在行動之前判斷自己信心程度的過程。康納曼解釋道，理解認知反射這種類型的後設認知是非常重要的使命，也是決策制定領域非常熱門的主題，然而，在做出決策時，擁有足夠的時間不一定是關鍵的因素。即使思考迅速的心智也會猶豫，並且自我反思，快速改變自己的心意。認知反射用於解釋為什麼善於分析思考和數學的人，更有可能正確回答「球棒與棒球」問題。

關於這一點的相關解釋，一直都認為「自我反思」的基礎是利用高度運作的前額葉皮質層，其完全獨立於海馬迴提供的協助或偏誤影響。傑出數學家的心智運作就像一部攜帶型計算機，對於他們而言，判斷「十五乘以十六等於二百四十五」是錯誤的簡單程度，幾乎等同於判斷「五乘以六等於四十」是錯誤的，他們不需要仰賴以記憶為基礎的認知捷思。對他們來說，無論「球棒與棒球」的問題如何狡猾地想要誘導我們的內隱記憶犯錯，他們的分析心智都有內在的指示機制，更有可能提醒他們注意「十元」是錯誤的答案。

認知捷思或許會誤導我們認為第一次的決策是正確的，但是優秀的前額葉皮質層更有可能察覺錯誤，推翻第一次的衝動決策。瀏覽 X 醫師的認知能力檢測結果時，康納曼似乎相信 X 醫師的反應心智，無論是快是慢都與表現卓越的前額葉皮質層更有關係，而不是表現較差的海馬迴。

記憶力較差的人，反而能做出更好的決策？

由於 X 醫師並未參與討論，我覺得有必要提出 X 醫師本人的假設：他認為就是因為自己的海馬迴能力低於平均，才會提高他做出決策的能力。我開始思忖「球棒與棒球」這類型的問題，由於非常仰賴數學技能，是否也有不公平的偏誤。在決策制定研究科學家使用的各種工具中，摩西錯覺類型的問題變化似乎更接近 X 醫師的醫學決策，因為醫學上的決策必須仰賴記憶。

我向康納曼提到，我發現許多探討摩西錯覺的論文都排除了有閱讀困難的受試者。我推測，原因可能是閱讀困難的人傾向於不信任自己的閱讀技巧，所以不會立刻相信他們一開始讀到的資訊。換言之，他們擁有更好的「閱讀謙遜」（reading humility），所以更傾向於重新閱讀問題內容。在這種情況下，即使他們一開始陷入了認知捷思的陷阱，也更容易改變自己的心意。

為了強調我的觀點，我重新閱讀康納曼在一九七四年發表的論文，康納曼以視錯覺作為文章的開場：「假設我不戴眼鏡，那麼所有東西都會變得模糊，那麼就不太可能由於視覺皮質層的捷思法，落入視錯覺的陷阱。因此，我會擁有更好的『視覺謙遜』（visual humility），不太可能認為模糊的物體比較遙遠。」我認為這個推論十分合理，相較對於海馬迴功能非常有自信的人，懷疑自己海馬迴能力的人，例如X醫師，更有可能傾向於反思自己的第一個決策，具備更好的「智識謙遜」，願意更謹慎地追蹤真相。

雖然康納曼認為上述的論點很有趣，但同時指出，決策制定領域的多數研究都已經證明，更優秀的皮質層分析能力與更好的決策之間，確實是正相關。常見的說法認為，**大腦的分析執行能力就是我們能反思決策的能力**。話雖如此，我也向他指出，這些大多數的研究都是完成於二〇一二年《科學》期刊那篇指標性論文問世前[9]，也就是說，過去的研究完全忽略了海馬迴和記憶能力的優劣是否會影響反思的過程。

由於過去認為內隱記憶是在不確定性之中決策的關鍵，根據定義，人類無法察覺自己的內隱記憶，因此，內隱記憶與自我反思沒有關係。不過，現在我們已經知道，更優秀的海馬迴能力（無論海馬迴是協助形成內隱記憶或外顯記憶），都會讓我們更容易陷入認知捷思的陷阱，因此，下個世代的相關研究必須納入評估海馬迴功能的測量方法。唯有未來的研究可以同時測量一個人的前額葉皮質層與海馬迴功能，才能回答Ｘ醫師的動機問題：海馬迴功能較差的人是不是更善於做出決策。最後，丹尼再次強調，探討人類的反思如何影響決策制定，確實就是決策制定研究領域目前的前進方向。

或許，Ｘ醫師的認知能力表現——明顯良好的前額葉皮質層能力，以及明顯不良的海馬迴能力，就是醫學診斷決策最適合的調整方式。由於許多研究顯示，良好的前額葉皮質層運作能力與更好的決策能力有關，康納曼認為，Ｘ醫師的優秀前額葉皮質層是主因。然而，只是因為還沒有相關研究評估海馬迴在制定決策中的角色，不代表海馬迴沒有重要性。

隨著我們開始進入結論階段，康納曼同意，我們的認知能力可能會引發知識上的過度自信或傲慢，特別是展現於相對缺乏的能力層面上，而過度自信或傲慢的人格特質，有害於我們追蹤真相以及尋找真相。但是，對於使用「謙遜」一詞描述更願意改變心意的人，康納曼確實頗有微詞。他主張，沒有任何事情比得上在正當、必要時刻改變自己的心意能使他更為快樂，而我也有相同的感受。我們都同意，既然在合理正當的時刻改變自己的心意是一種快樂，那麼使用聽起來具備美德意義的「謙遜」作為描述，似乎有虛偽奉承的風險。或許，相較於充滿道德意義的「謙遜」，我們認為「懷疑」（doubt）更適合。**無論講求精準且分秒必爭的決策制定，是否能受益於充滿懷疑的心智，但保持懷疑的心智絕對有助於追求最終的真相。**

到了對談的最後階段，我的心態已經更為舒適有自信，於是我帶著些許狡猾的心態向康納曼指出，我們兩個人可能都受到專業領域的偏誤影響。由於康納曼以及他的許多早期合作同仁出身於數學領域，我認為這個原因可能讓他更為重視前額葉皮質層，以及前額葉皮質層分析能力在做出決策時的重要性；相形之下，我是「海馬迴中心論者」，更傾向於將海馬迴視為關鍵的因素。

康納曼秉持著其一貫的泰然自若，並未上鉤。

正如先前的承諾，完成尋找真相的旅程之後，我聯絡了X醫師。我們一起喝咖啡時，我向他摘要報告自己學會的知識，其中包括康納曼認為X醫師卓越的前額葉皮質層是強化決策制定的關鍵。我特別在結論中強調，由於目前沒有妥善設計的研究論文，在經驗上依然無法確定X醫師的假設，亦即「海馬迴功能不良與更好的決策能力有關係」是錯的，然而X醫師應該會倍感欣慰，因為他的問題（雖然對他而言，這個問題可能非常單純直率）依然是當前決策制定的尖端研究範疇。

另外，我也向X醫師提到，我和康納曼都認為「智識謙遜」一詞可能不太適當，「智識懷疑」或許是更好的表達，他不同意我們的觀點。X醫師提出了利他主義的爭論作為類比：有些人認為，如果某個人因為從事慈善行為而產生樂趣，那麼慈善行為本身不見得是美德，而是一種自私的享樂行為。但X醫師支持的觀點認為，不論無私的行為可以帶來何種附加效應，行動本身及其意義才是最重要的，才是美德的來源；他認為智識的謙遜也是如此。我無法反駁X醫師的觀點。

第七章

共同的心智

鄉愁與集體的社會記憶

某天下午，走向問診室的路上我向瓊（Joan）介紹自己。瓊是一位八十四歲的退休學校教師，住在俄亥俄州，她的女兒替她安排了失智症評估檢查。瓊靜靜地坐著，旁邊的空椅子上擺著一只牛皮紙袋；她以柔和平靜的聲音介紹自己。

剛開始，我擔心瓊可能是獨自前來看診。身為阿茲海默症與相關疾病的醫療專家，我們通常會希望病患能提供關於病情的第二種，甚至第三種意見。因此，我們的醫療工作運作方式，會先假設病患確實罹患失智症，而病患的家人或親近的朋友可以陪伴前來看診。倘若阿茲海默症的擴散範圍已經超過海馬迴，進入皮質層的記憶儲存區域，我們就需要病患的陪同者提供過往的資訊，才能正確評估病患的病前認知能力、早期認知症狀，以及獨立生活的能力，是否與現在的情況出現落差。

此外，病患可能需要其他人的協助才能抵達我們位在曼哈頓上城郊區的醫學中心、穿梭由各個建築構成的迷宮後，方能找到紐約神經病學研究所，也就是我們的診間位置。因此基本上在看診的前一天，醫療中心的同仁會進行診前聯絡，致電給病患和陪同者，向他們重新說明醫療中心的交通資訊，並提醒他們記得攜帶所有相關的醫療紀錄。

我禮貌地詢問瓊是否獨自前來看診，她回答，她的女兒芭芭拉也有來。瓊說話的時候指著櫃檯，代表芭芭拉就是正在櫃檯和我的員工進行熱烈討論的那個人；顯然，芭芭拉想要建議我們的醫院應該如何改善停車問題。我的員工後來告訴我，芭芭拉的腳步更快，早在預約看診日的兩天前，就已經打電話來提醒我們，而且不需要任何的交通導航建議。她把記憶疾患中心的建築物地圖，以及醫學中心研究所的樓層圖，全部印出來。

芭芭拉在曼哈頓的一間金融企業公司擔任分析師，顯然的，她擁有絕佳的組織能力，讓她不只是一位完美的患者病程史學家，也是一位完美的女兒。

「她突然忘記買重要食材，應該是不小心吧？」

芭芭拉在俄亥俄州的代頓（Dayton）市長大，她的母親瓊是一位深受眾人愛戴的小學老師，年滿六十歲不久後便退休，而退休之後，瓊的丈夫過世了。芭芭拉和弟弟長大離家，瓊依然堅持留在偌大的家族老房內，幾乎獨自一人維持房子的乾淨整齊。瓊七十八歲時，芭芭拉和弟弟在感恩節回家團聚，發現了一些細微的改變，芭芭拉事後認為，那是母親認知能力衰退的第一個跡象——瓊忘了買栗子，而栗子是瓊娘家家傳火雞料理的關鍵食材。此外，瓊還將一疊尚未支付的水電費帳單散亂地放在餐桌上，完全不符合她過往一絲不苟的行事作風。然而，瓊的兩位孩子決定不要把小小的錯誤放在心上，他們相信母親只是過於專注於準備節日聚餐，因為全家人都要團圓而感到興奮，雛鳥已經長大，現在有了女婿和孫子。

但是，瓊的認知症狀逐漸惡化。芭芭拉每兩個星期會與母親通話聯絡一次，她開始注意到令人擔憂的異常症狀：瓊不記得自己前一天曾經參加每個星期和朋友的「女孩午餐聚會」，也忘記了她的其中一位孫女即將高中畢業；一個星期天下午，教會的朋友打電話給芭芭拉，告訴她瓊在前往教會的路上迷路了，而瓊已經參加這個教會好幾年。

事情發展至此，芭芭拉立刻搭機返家，安排瓊接受家庭醫生的評估；家庭醫師決定由當地一位神經科醫師進行血液檢驗和磁振造影。結果，瓊被診斷出現「輕度認知受損」現象，開始服用阿茲海默症藥物。然而藥物沒有顯著的效果，瓊的認知持續惡化，於是芭芭拉帶著母親搭機飛往紐約，來到我們的醫學中心接受評估。

我第一次看到瓊的時候，放在她隔壁椅子上的牛皮紙袋中，不僅有她最近接受的檢驗結果，還有過去數十年來的臨床診斷評估——從瓊的家庭醫師、婦科醫師，以及一位曾經替瓊治療扭傷腳踝的骨科醫師。從我們的觀點來看，病患提供的資料愈多愈好，而芭芭拉之所以能輕鬆地準備資料，是因為她將瓊所有的健康照護評估資料的副本，依照年代整齊地排列，全都放在曼哈頓的家中。

過去評估瓊病況的醫師進行了所有正確的血液檢查，檢查結果為陰性，磁振造影的品質也很好，放大之後，並未找到可見的中風、出血、腫瘤，或其他結構性的傷害。仔細觀察兩個海馬迴，才發現瓊的海馬迴比我預計的更小，雖然這個情況可能是阿茲海默症的徵兆，但還不到臨床確診的標準；在問診室進行的認知評估顯示，海馬迴是瓊認知能力下降的起因。想要完成完整的失智評估，還需要花一些時間進行神經心理測驗，於是我們決定在瓊造訪紐約時再繼續進行。

後來，神經心理測驗的檢驗結果，也確認了瓊的認知能力主要問題來自於海馬迴，但情況不同於第一章提到的卡爾，瓊的海馬迴功能已經出現嚴重受損。此外，神經心理測驗中更揭露了另一個難以察覺的細微問題：瓊的皮質層中央樞紐，也就是存放老舊記憶的區域，開始出現功能不良的情況。換言之，瓊的阿茲海默症已經從海馬迴向外踏出死亡的行進步伐了。瓊的診斷很明確，她的病史也透露了很準確的資訊，加上毫無疑問的檢驗結果，任何一位神經科住院醫師或者我執教的醫學院學生，都能提出瓊罹患阿茲海默症的臨床診斷；或者讀完這本書之後，你也有能力判斷。

我們這間醫學中心的專業判斷，通常會用於評估更複雜的案例或罕見的認知衰退，以及為了在不久的將來因應阿茲海默症的新世代藥物，我們必須更為仔細地理解什麼藥物更適合哪一位病患。

阿茲海默症會遺傳嗎？

我向芭芭拉和瓊傳達了這個不好的消息，並針對瓊的藥物處方稍微提出修改建議，接著表示，除非有突如其來的變化，否則瓊沒有必要再回來紐約找我。不過，我很樂意和瓊在當地的神經科醫師合作，以遠端的方式追蹤瓊的病情。

在看診的一個小時之內，我其實更像一位充滿同理心的教育者，而不是一位必須提出診斷與藥方的醫師。我向瓊與芭芭拉解釋目前診斷的不確定性，但我也補充說明，考慮目前檢驗結果的可靠性，我不會推薦進行額外的侵入式檢驗。同時，我也向瓊解釋，這樣的記憶問題不是她的錯（她一直很自責），而瓊聽到我的說法以後也覺得很欣慰。

不過，我坦承地說明，目前阿茲海默症的藥物發展只能被視為是第一代，在最好的情況之下，藥物也只有溫和的效果，但我們依然該考慮讓病患服藥，因為藥物通常很安全，而且有些病患的反應的確比其他病患更好。當然，如果瓊出現任何一種副作用，即使是輕微的副作用，例如夢境變得鮮明且可怕，我就會請她立刻停止用藥。我並未假裝病情是樂觀的，另外，我也發現芭芭拉對於醫學研究有特別的興趣。我告訴她們，現在醫學領域終於明白阿茲海默症的起源，以及我們與製藥產業的合作方式，因此，我們可以合理且樂觀地期待下個世代能製造出有真正療效的藥物。

瓊是一位關心孩子的母親，她想知道阿茲海默症對於自己的孩子與孫子有無影響。阿茲海默症通常在生命的晚年才會出現，由於大多數的阿茲海默症病患都已經為人父母，甚至是祖父母，所以這也是最常見的問題。然而，這個問題有時需要用很長久的時間才能找到答案。

實際上，**造成疾病的「決定基因」，不等同於提高罹患疾病風險的「可能基因」**。我發現以天秤平衡的方式，能充分解釋兩者之間的差異：疾病的決定基因是一種非常嚴重的突變，足以讓體內細微的生理平衡出現病態失衡，與此相對，風險基因可能是輕如鴻毛的小問題。風險基因不代表你會罹患相關疾病，但如果風險基因加上其他風險基因或風險因素，例如肥胖、心臟病，或者糖尿病，成為「一組」風險情況的時候，就有可能改變體內平衡。

我向她們解釋，這種基因分類可以將阿茲海默症分為兩種。第一種是單一決定基因突變，但非常罕見，大約只占了所有阿茲海默症案例的百分之一。這種類型的阿茲海默症會在病患三十歲、四十歲，或五十歲時就出現症狀，因此通常稱為「早發型阿茲海默症」。第二種被稱為「晚發型阿茲海默症」，則是更為常見的變化形式，出現在病患六十歲或更晚的時間。另外，由於阿茲海默症的病因非常複雜，有時依舊會聽見過時的「偶發型」（sporadic）說法。家族遺傳可能會影響晚發型阿茲海默症，但遺傳基因只會影響罹患阿茲海默症的風險或機率。

考慮瓊的年紀，加上沒有明確的家族病史能推論瓊是從自己父母其的哪一人遺傳了決定基因，因此，我告訴芭芭拉和瓊，我們幾乎可以確定瓊是罹患了非遺傳性的晚發型阿茲海默症。換言之，我繼續解釋說明，即使瓊的孩子遺傳了可能基因，也只是風險基因，所以瓊不用擔心自己可能用某種方式讓阿茲海默症宛如傳染病般傳遞給後代子嗣。

最後，我們討論了許多在這個階段最有意義的介入治療方式，不是藥物治療，而是心理社會上的行為調整。阿茲海默症初期階段的病態遺忘現象，其本身並不會造成傷害，真正會造成傷害的是在寒冷的冬天夜晚，將自己關在家中忘了吃藥或無法妥善處理自己的財務情況。

所謂的「心理社會上的行為調整」，意思是改變病患的生活，保護病患不會受到病態遺忘所造成的潛在傷害。在阿茲海默症最初期的階段，心理社會的修改可以很細微，例如協助記憶——根據每天或每週的服用方式，將藥物放在藥品盒，或者請家人協助病患服藥以及處理病患的財務。

隨著阿茲海默症的病況發展，可能也要聘請家庭醫療照護人員。最終，將來勢必要做出另一個決定，而做出這個決定的理想情況，是讓所有家庭成員共同參與，因為它通常是極為痛苦的過程：討論病患是否需要搬離家中，住到能協助病患生活的安養型社區。

「醫生，為什麼我母親連我的名字都會忘記？」

雖然瓊已經不需要和我見面看診，但芭芭拉每六個月就會和我電話聯繫，截至目前為止都是如此；她讓我知道瓊的近況，且每年都會送我一張耶誕卡片，卡片上是一張瓊被滿堂兒孫圍繞、看起來十分快樂的照片。

正如預期，瓊的情況符合阿茲海默症的典型發展節奏。在我們的電話聯絡中，雖然芭芭拉總是彬彬有禮，但她都是用一種冷靜，就像處理商務的口吻描述瓊的發展情況：從瓊開始忘記服用每天需要的藥物、同意讓照護人員每天家訪，到瓊愈來愈常迷路之後，她非常不情願地放棄自己駕車。最後，完成初次醫學評估的幾年之後，瓊終究默許了當初不願意接受的安排。那一年的復活節，在家人的陪伴之下，瓊終於明白應該賣掉這個充滿家庭生活回憶的房子，搬到附近一間具備生活協助設施的安養型公寓。

七年之後，芭芭拉和我預約見面時間。我擔心聽到不好的消息，尤其是當我發現芭芭拉一人若有所思地坐在問診室。所幸，聽見瓊在公寓過得很好，我覺得欣慰。瓊參與了許多活動，雖然活動力不如以往，但依然保持樂觀的心情。但是，芭芭拉非常不安，因為前幾次探望瓊的時候，芭芭拉發現瓊無法想起她的名字。顯然的，芭芭拉這次和我預約的立場已經不是一位模範照顧者，而是尋求個人的慰藉。事實上，有時阿茲海默症對於家人造成的痛苦，甚至多過於病患本身，而安撫家人也是阿茲海默症醫師的重要使命。

芭芭拉的聲音，在我們多年來的往來聯絡中，第一次出現了顫抖。芭芭拉想要知道（事實上，她是要求一個解釋），為什麼她的母親能夠忘了長女的名字，她和母親之間的關係更像朋友而不是子女，甚至在有需要的時候，芭芭拉切換了自己的角色，成為母親的母親，負責照顧她。到了那個階段，芭芭拉善於管理的頭腦已經開始全心照顧瓊，用企業級的效率處理瓊的病情，尋找最好的診斷、尋找最好的治療方式、尋找最好的方法，來照顧瓊度過人生最新的篇章，或許也是最後一個篇章。到了這個階段，瓊愈來愈仰賴芭芭拉，這增強了母女之間的羈絆。而現在是芭芭拉第一次開始思考自己的需要；隨著瓊忘記芭芭拉的名字，芭芭拉表達了一種極度的痛苦，她可能會失去與母親之間相互照顧的友誼親情。

我向芭芭拉提出幾個其實我很確定自己知道答案的技術性問題：「瓊是否遺忘了關於妳的其他細節？」──是。舉例而言，瓊偶爾會忘記芭芭拉已經不住在代頓，瓊也想不起來芭芭拉在紐約生活的細節。「瓊認得妳嗎？」──認得。芭芭拉走進房間時，瓊立刻抬頭看著芭芭拉，眼裡充滿光芒，展露溫暖的笑容。芭芭拉似乎察覺我想要引導的方向，但她仍堅持瓊忘掉女兒的名字確實有其特別之處──透露某些特別的訊息，而且特別傷人。

我用比較籠統的方式，解釋海馬迴如何協助人類編織關於其他人的記憶。「記憶的元素」──共同編織了大腦的神經網絡──記憶就像一塊織錦，藏著豐富的事實與情感細節，其中全都是我們最關心的人。作為一個整體，即使單一節點出現功能不良問題，神經網絡依然能重新啟動。從芭芭拉告訴我的資訊判斷，我可以合理推測，瓊關於女兒記憶的織錦已經因為阿茲海默症而斑駁脫落，但是，瓊的神經網絡依然完整，所以她可以認得芭芭拉，當然也非常關心自己的女兒。

我的解釋讓芭芭拉獲得了些許慰藉，至少能暫時平息她最害怕的恐懼。然而我的弦外之音就是，到了某個階段，由於病患的記憶網絡受損愈來愈嚴重，遺忘名字可能代表病患的整體腦部神經功能受損，而屆時會有一個時間點：母親再也無法認得、也不在乎自己的女兒。我同意芭芭拉的觀點，阿茲海默症最殘忍的其中一個結果，就是家人必須愈來愈關心病患，但病患卻逐漸地不在乎家人。**許多疾病都很可怕，但殘忍地消滅家人之間正常的照護關係，就是阿茲海默症這種失智症的特別之處。**

為什麼會覺得名字被記住了很重要？

從嚴格的評估觀點來說，關於我們認識的人，記憶網絡中的所有元素都是同等重要。但是，對於大多數的人以及我們在乎的人而言，芭芭拉是對的：遺忘姓名顯然特別令人難過。即使是卡爾（我在第一章提到的病患），他可以認出新委託人的長相、記得他們認識的地點，也可以列出關於對方職業和家庭的各個事實，但都無法減輕他忘記對方姓名的羞愧。**相較於其他個人資訊，遺忘某個人的姓名，似乎代表你不在乎對方。**

美國人際關係學大師戴爾．卡內基（Dale Carnegie）將上述的心理學事實，整合至他的經典暢銷自助著作《如何贏取友誼與影響他人》（*How to Win Friends and Influence People*）。「記住他人的姓名」是卡內基在人生商場遊戲獲勝的核心規則。藉由強迫自己記住新朋友的名字，我們傳達了一個訊息（雖然有時只是虛偽的宣傳）：我們在乎他們，所以我們記得。

如果一個宗教沒有明確的來生觀念，通常會特別重視一個人必須藉由光榮的行為，在其他人的心中留下自己的名字記憶。對於古希臘人來說，這種社群記憶的形式稱為「榮耀」（kleos，也可譯為「知名」）。

儘管我脫離自己成長的宗教信仰，但我仍知道，記得他人的姓名在猶太教傳統中非常重要。許多人都聽過位於耶路撒冷的以色列猶太大屠殺紀念中心（Yad Vashem;

the World Holocaust Remembrance Center），Yad Vashem 是希伯來文，意思是「紀念碑與姓名」，一個來自聖經的詞彙。上帝要求子民必須在神廟的牆壁上建立「紀念碑與姓名」，本質上就是刻上姓名的紀念碑，就能紀念膝下無子的上帝追隨者們即使沒有生育後代，他們的名字仍可以繼續活著，成為永恆的回憶。在猶太教中，記住姓名的文化重要性過於深刻，甚至影響了猶太教的宗教習俗。作為必須遵守猶太教義的人，拉比（猶太教的領袖與牧師）被禁止使用粗俗的語言。

但是，他們確實還有一種咒罵他人的用語，這讓我回想自己就讀猶太教小學的經驗，即便他們不常使用那個字：yemach shmo。雖然這個字聽起來像是喉嚨發出的連續咒罵，但其實是一個句子，同樣來自於聖經。上帝對於仇敵最嚴重的詛咒是 yema-chek she-mo，可以翻譯為「毀滅他的名字」。如果讓一個人的名字被遺忘，亦即讓一個人的名字被逐出社群記憶，顯然是最荒涼悽慘的命運。

對多數的人以及文化而言，記住一個人的名字是深刻的尊重，而遺忘一個人的名字則是情感上的忽略——因為不在乎，所以遺忘了對方的名字。即使只是潛意識的，但仍是母親遺忘了芭芭拉的名字，是讓她心碎的原因。的確，對於擁有健康頭腦的人來說，我們在意另外一個人的程度，確實影響了我們記住對方名字的意願。

認知能力與道德倫理的關係

關心其他人是「行為倫理」的核心。道德哲學家有時用「在乎」的親密或私人程度區分倫理與道德[1]。從這個觀點來看，**所謂的「道德」是一種固定且普世標準的合適行為準則，用於全世界的所有人，包括不知道名字以及不知道長相的陌生人；「倫理」則是更接近我們對於認識的人，比如我們的家人、盟友和社群，有什麼樣的感受和行為**。道德仰賴記憶的程度較低，我們相信合適的普世行為應該是天生的觀念。相較之下，倫理極為仰賴海馬迴形成的人造記憶，我們需要海馬迴與杏仁核還有皮質層的合作，方能建立親密關係的聯想網絡——一個人的長相連結至其姓名，以及其他充滿情感的個人細節。

請讀者回想亨利・莫萊森，我們在第一章用於解釋海馬迴所有資訊的病患。雖然兩個海馬迴都被摘除了，但亨利・莫萊森的行為還是可以符合道德，即使他出現不道德的行為，也不能用外科手術作為辯護理由。但是，他依然會被指控行為不符合倫理。亨利・莫萊森總是彬彬有禮，但似乎完全不關心數十年來照顧他的醫師；同時他顯然也滿不在乎，所以根本不想記住醫師的名字。亨利・莫萊森不曾過問醫師的個人或職業生活是否快樂幸福。由此可見，摘除海馬迴不只抹煞了亨利・莫萊森形成新意識記憶的能力，也偷走了亨利・莫萊森建立新倫理關係的能力。

有了遺忘，才有辦法原諒

關心取決於記憶，關心是倫理的核心，這兩個事實證成了關於記憶倫理學的哲學思辨。遺忘有沒有帶來任何倫理上的益處？多數的哲學家都專注在其中一個益處：原諒的益處。無論是原諒家人、朋友，甚至是更大型的社群，大多數的心理學家與社會學家都同意[2]，原諒需要一定程度的「放下」：放下炙熱的憤怒、羞辱以及痛苦。事實上，**「放下」也是一個可以在神經學上被翻譯為「遺忘」的日常生活詞彙：大腦的情緒遺忘功能磨平了憤怒痛苦的記憶碎片。**

然而，對於記憶研究學者艾瑞克．肯德爾而言，磨平記憶的碎片不只是「為了原諒而遺忘」的比喻。艾瑞克於一九二九年出生在一個歸化至奧地利的猶太家庭，他成長的地點是維也納一間狹小的公寓，樓下就是父親經營的玩具店。一九三八年三月，德國併吞奧地利，後來發生「水晶之夜事件」（Kristallnacht）：納粹的準軍事部隊暴動攻擊猶太人經營的商店，導致眾多玻璃破碎，因此得名。八個月之後，艾瑞克和家人移民至紐約的布魯克林。後來，艾瑞克成為一位精神科醫師和頂尖的記憶研究學者，並在二〇〇〇年榮獲諾貝爾生理學或醫學獎殊榮。

因諾貝爾獎而聲名大噪之後，維也納市長希望這座城市能沐浴在當地孩子帶來的光榮之中，欲頒發榮譽市民身分給他。起初，艾瑞克拒絕了維也納市長的提議，因為他不願意做到這種程度的原諒，但市長努力不懈，安排一系列與艾瑞克的正式對話，並在艾瑞克的要求下，市長同意執行協助療傷過程的計畫，讓艾瑞克踏上追尋原諒的道路。雖然艾瑞克永遠無法遺忘當年的暴行，但他終究原諒了入侵的德國：他在二〇〇八年同意接受維也納榮譽公民的身分。這種共同原諒入侵國的作法，在倫理學上確實可以進行哲學爭論，但我個人認為，艾瑞克的行為確實有正當理由。

艾瑞克現在已經九十一歲，依然在哥倫比亞大學負責管理最大型、最有生產力的其中一間實驗室。艾瑞克本人就是一個活生生的證據，證明不是每個人老化之後的記憶力都會出現劇烈的衰退。對我來說，艾瑞克一直以來都是珍貴的學術導師。他同意和我討論他與維也納的關係變化，以及全世界頂尖記憶研究專家都非常著迷的「為了原諒而遺忘」。時至今日，艾瑞克不只是維也納的榮譽市民——這座城市曾經無情地毀滅他的童年、剝奪全家人尊嚴與生計，他甚至積極參與維也納的學術事務與文化活動。

為了達成這種程度的原諒，需要用兩種遺忘機制作為基礎，並建立多個行動計畫。首先是在維也納建立年度論壇，主題是奧地利當年應對納粹的方式。論壇的目標是同時記住事實真相以及促成和解，兩者都需要釋放情緒。在共同對話中，納粹的受害者可以更明白加害者的扭曲邏輯與動機，更重要的是，讓侵略者明白受害者的痛苦。換言之，論壇的其中一個目標，就是記住當年的犯罪歷史事件，而且永不遺忘。但是，公開討論痛苦真相的另外一個目標是「和解」：參與者共同重新塑造記憶，成為國家的共同意識，提供一定程度的社會「特赦」。

由此可見，康復的過程需要情緒的遺忘，而共同的集體記憶，亦即來自所有個人記憶的總和，也必須是彈性的。**如果個人的記憶彈性正如在稍早的內容所見，需要主動的遺忘，那麼共同的集體記憶也是如此。**事實上，特赦（amnesty）來自希臘文的amnestia，其定義就是一種遺忘的形式。

至於維也納的第二個行動計畫，則是利用了更直接的遺忘機制。正如我們的大腦發自本能地知道，不是所有儲存的資訊都值得記住，遺忘大腦暫時編碼處理的所有世界細節，是為了讓我們可以保持精神正常；而在維也納這座城市的例子中，是為了讓整個國家保持精神正常。由此可見，遺忘確實有真正的益處。艾瑞克知道，維也納有一條街的名字用於紀念過去的其中一任市長，而那位市長是一位惡毒的反猶太主義者，甚至連希特勒都在自傳《我的奮鬥》（*Mein Kampf*）中提到這號人物。

於是，在艾瑞克的要求之下，維也納於二〇一二年更改了街名。「Yemach shmo!」（毀滅他的名字！）但是我必須強調，抹去那條街的名字，並不是為了讓那位應該活在歷史惡名中的人物消失——他不僅剛好是一位心胸狹窄的偏執狂，其信奉的惡毒種族主義也曾幫助了歷史上其中一個最嚴重的道德犯罪。

有些形式的「愛」，必須透過海馬迴學習？

當「記憶」和「遺忘」達成正確的平衡時，還有一個比較不顯著的倫理益處。如果關心別人需要記憶，那麼，我們就應該考慮太多記憶所造成的倫理結果：這可能會導致我們過度關心。

孝敬父母、愛你的鄰居（或者可以更精確地引用聖經的原文：「愛你的友人，正如你愛自己」）、向國旗宣誓效忠，以上的諭令代表人類倫理關係的同心圓延伸，每個層次的親密程度不同，從家庭到朋友與鄰人，最後則是國家。在以上的例子中，我們對於國家的關心、我們的愛國情操，最需要使用海馬迴記憶系統，以便將事實與情感連結起來。

另外，相較於關心家人或朋友，關心國家的「與生俱來」程度較低，也更為抽象，因此更仰賴學習和記憶。「我願意為了拯救自己的孩子而死」或「我願意為了朋友擋子彈」聽起來都更為符合本能，但是，為了國家？如果是為了國家而死，或者其他比較不極端的愛國行為，我們需要有意識地記住國民共同擁有的地理與歷史，以及國家過去的光榮與痛苦。

請讀者思考以下這個例子。十四歲的克拉拉（Clara）反覆哭喊著：「我想回家！」她的父母就在克拉拉的病床旁圍著一位醫師。他們一家人在西班牙北部的濱海渡假中心，這裡距離他們位在瑞士阿爾卑斯山脈茵特拉肯（Interlaken）的田野村莊住處，非常遙遠。昨天，克拉拉參加渡假村海灘遊樂工作人員安排的船旅時，不慎敲到了頭部。回到岸上之後，克拉拉抱怨自己頭痛與稍微頭暈，而渡假村的醫師前來看診。醫師推測克拉拉可能出現輕微的腦震盪，但情況不嚴重，他建議克拉拉多休息與補充水分。

隔天，除了一些輕微的頭痛外，克拉拉已經不再頭暈，神經檢驗結果也顯示正常。但是，她現在似乎非常執著於「家的回憶」。克拉拉的情況已經超過我們有時候在異鄉生病，或者離家太久時產生的「想家」了。克拉拉不吃不喝，因為她非常想念瑞士故鄉的食物，甚至認為「異國食物」很噁心、厭惡西班牙的「外國行為舉止」，以及餐廳員工的「詭異對話」。

前一天，海風的氣味和海浪的拍打聲還都是如此悅人，如今，克拉拉覺得無法容忍，這裡與充滿牛鈴聲響的青翠瑞士山巒如此不同。克拉拉被「美麗祖國」的記憶以及可愛的「祖國民族習性」淹沒時，克拉拉的父母再度請教醫師的意見，而醫師認為這種「憂鬱的精神錯亂」是思鄉病的極端惡劣情況。

事實上，「克拉拉」是結合了[3]德國醫師約翰尼斯・霍夫（Johannes Hofer）在一六八八年的巴塞爾大學醫學學位論文中，描述的多位瑞士青年病患出現的症狀（雖然後來的許多現代版本，都在克拉拉的創作故事中增添了新的元素，但克拉拉的症狀是霍夫醫師探討案例的特色，相關的引述也直接出自於他的學位論文）。為了診斷這種新型的疾病，霍夫開始思考如何提出新的醫學詞彙，描述他在許多病患身上觀察的症狀：所有的瑞士年輕人都承受了極端的思鄉病，但在醫學上的情況更為惡劣。

他考慮兩個醫學詞彙，分別是 nosomania 以及 nostalgia，這兩個詞彙都來自於希臘文的 nostos；古希臘詩人荷馬（Homer）使用 nostos 一詞，表達回家的幸福感受。在第一個詞 nosomania 中，mania 在希臘文的意思是「變得瘋狂」；第二個詞 nostalgia 的 algia 來自希臘文的 algos，意思是痛苦。第三個選項是比較不動聽的 philopatridomania，意思是「對於祖國的瘋狂之愛」。霍夫並未提出具有說服力的理由，說明他最後為什麼選擇 nostalgia。事實上，如果採用現代醫學的訓練方式讀完霍夫的論文之後，我認為 nosomania 是更好的選擇。

鄉愁與記憶系統的關係

在神經病學中，我們有時候會將疾病區分為「失去功能」和「增加功能」。阿茲海默症是失去功能的疾病例子，因為阿茲海默症讓我們的海馬迴神經元生病衰退，抑制神經元的正常突觸活動，一旦神經元的正常活動頻率遭到抑制，就會使我們失去正常的記憶功能。

增加功能的結果則完全相反：藉由過度刺激神經元，導致神經元的突觸活動過於快速，讓受到影響的腦部區域出現太多的不正常功能。癲癇疾病就是最顯著的「腦部著火」疾病，因為情況非常突然。如果癲癇發生在感官皮質區域，患者可能會感受到不存在的氣味、情景，或者聲音，而以上這些也就是所有類型的功能增加病徵。倘若癲癇發生在皮質層中央樞紐這個記憶的儲存區域，其異常增加功能就會激發不存在的記憶，造成「既視感」（déjà vu）。

現在，我們已經知道幻覺、妄想，甚至執迷不悟，都是因為腦部過度活躍導致的增加功能病徵，其更接近慢性灼燒的結果，而不是突然的腦部大火。正如我們在稍早章節的討論，經歷多個失眠夜晚、累積太多不需要的記憶之後引發的精神錯亂，則是另外一個說明大腦增加有害功能的例子。

霍夫明確地將「鄉愁」（nostalgia）視為「增加功能」的神經疾病，亦即大腦因為過多的記憶而著火了，而他找到起火的位置就在皮質層儲存「甜美家園」記憶之處。霍夫不清楚大腦的功能結構組織（事實上，在那個時代，人類對於大腦的組織所知甚少），但他決定孤注一擲，推測病因的結構位置就在「中腦」（middle brain）。在人類知道神經元、突觸，或者樹突棘的數個世紀之前，霍夫用一種充滿詩意的方式假設：鄉愁是一種記憶過多的疾病，起因是「動物的神靈持續地在中腦的纖維震動，使得關於祖國的觀念依然附著於中腦」。

此外，在生理學上，霍夫也敏銳地推測，記憶的火焰很有可能被點燃，進而擴散至整個腦部。雖然我們可能會把這樣的情況形容成是「腦中的特定單一區域發作，隨後擴散至整個腦部，導致極為嚴重的『大發作』（grand mal seizure）」，但是霍夫則描寫鄉愁的大火起源於大腦的「祖國」區域，經由腦中「毛孔與管線」構成的「路徑」開始蔓延，造成全面的執迷不悟以及對於「祖國」的「痛苦想像」。

如我們所見，創傷後壓力症候群是情緒記憶增加了不良的功能，其「瞬間重歷其境」（flashback）的症狀，可以被視為情感「記憶增強」（hypermnesia）的狀態，也就是記憶太多了。根據霍夫的思考脈絡，這樣的記憶增強與鄉愁的運作方式十分相似。

霍夫的解釋認為，鄉愁的病患已經無法遺忘「母親的奶水」，任何畫面或聲響，只要能模糊地提醒家鄉的甜美，就會導致病患憂鬱地想起「祖國的魅力」。霍夫提出的結論主張「只能沉思祖國」，他所謂的沉思是指「著迷」（obsession），然而，這將會導致「心智的愚笨」：無法注意到祖國以外的想法。在批評霍夫並未留意字詞的意義，竟然使用「愚笨」之前，我們必須留意，許多現代視為貶義的字詞，實際上直到十九世紀晚期之前，依然用於正式的神經病學診斷。舉例而言，成人的行為如果像兒童，就會被診斷為「白痴」（idiots）；成人的行為如果像青少年，則是診斷為「低能」（morons）。霍夫的觀點非常敏銳，**他推測「著迷」可能是一種不良的記憶增加**。

現在我們已經知道，強迫症患者的記憶皮質區域過度活躍與過度連結，他們就像克拉拉，因此出現反覆異常的想法，進而對於行為產生有害的影響。針對這種類型的病患，暴露療法[4]——也就是利用遺忘機制的方法，依然是最成功的其中一種介入治療法。

除此之外，根據鄉愁病患的人口分配情況，霍夫思考了三種可能的病因，或者說三種容易導致鄉愁的因素。第一個因素是年齡。霍夫推測年輕人的敏銳與易感可能容易引發鄉愁；第二，霍夫認為某種類型的「過往童年傷害」可能會提高罹患鄉愁的風險。用現代的方式詮釋，這種童年傷害可能會減低正常發育過程的速度，導致我們庸俗的幼稚品味與偏好無法變得成熟。最後，由於所有的病患都是瑞士人，霍夫訴諸了民族主義，思忖所謂的「赫爾維蒂民族」（Helvetian Nation）或許有著特別之處，因此可以解釋為什麼瑞士人相較於其他的「歐洲民族」更容易罹患鄉愁。

所有疾病的起點和詳盡的內容，都是來自於一位洞察力深刻的臨床醫師直覺。然而，不是所有的臨床直覺都會被證實是一種疾病。不像李奧．肯納對於自閉症的臨床直覺，霍夫的直覺是錯的。**鄉愁不是一種疾病，不是過多的故鄉記憶而引發的腦部大火，但是，使用霍夫想像的疾病作為比喻，有助於我們理解遺忘對於人類倫理行為的益處。**

大腦的遺忘機制，帶來了和平的曙光

雖然霍夫提出的鄉愁不是一種疾病，但「鄉愁」這個詞彙繼續活著；即使不是在醫學領域教科書，也是在文化辭典中。很大的原因是鄉愁的概念很快就被浪漫詩人、哲學家，以及政治科學家吸收，他們在霍夫發表學位論文的不久之後，開始編撰現代的民族主義概念。思鄉的浪漫化，亦即我們對於民族的關心、對於母國（motherland）與父國（fatherland）的關心，這樣民族主義的倫理地位，等同於關心自己的母親

（mother）與父親（father）。

根據美國《梅里安—韋伯斯特大學用辭典》（*Merriam-Webster's Collegiate Dictionary*）的定義，鄉愁是「一種憂鬱或情緒過度渴望回到某一段過去，或者是某個無法挽回的情境」。這種渴望不一定是錯的，想要追尋失樂園似乎是人類憂鬱境遇的其中一個層面，與亞當和夏娃的故事一樣久遠。

每個民族都有自己的鄉愁形式[5]，唯一有趣的觀察在於，每個民族都相信自己的鄉愁是特別的，即使鄉愁其實就只是「所有人類民族心弦的常見刻苦記憶」。克拉拉想要深情地記住且渴望故鄉，並沒有任何的倫理錯誤，但是，如果她的記憶已經吞噬一切、愚蠢的煉獄開始擴散，就會導致克拉拉迅速地喪失自己的倫理智商。**這種扭轉顛覆，讓我們從「用合乎倫理的方式愛著我們認識的人」，轉變為「不道德地憎恨所有我們不認識的人」，就是太多記憶的潛在危險，而且適用於倫理生活的所有層面。**因此，用遺忘平衡記憶，能夠幫助我們的心智，或者，使用霍夫的說法，我們的「想像力」不會承受痛苦。

所有人都曾經用不同的程度感受過愛國主義，而大多數的人都能合理地關心自己的國家，只要它是符合倫理標準的就沒問題。我曾在九一一事件時看見各種程度的美國愛國主義；當時，我親眼目睹世貿中心大樓崩塌為鋼骨瓦礫。

那天早上，我很認真工作，我在行政主管的辦公室和他們一起查核我的實驗室預算，而這間辦公室在醫學中心最高大樓的頂樓。我們的醫學中心不只位於曼哈頓島的最北邊，也是曼哈頓島的最高點：華盛頓高地（Washington Heights）——此地的命名緣由是喬治．華盛頓曾經在此發起對抗英國的「華盛頓堡攻城戰」（Battle of Fort Washington）。醫學中心頂樓辦公室的窗戶朝向南方，能眺望整座曼哈頓島的美景；在那個空氣清新的上午，我們懷抱著恐懼的心情看著曼哈頓南端的世貿中心北塔冒出濃煙。確定是外國攻擊時，有些人已經明白，這次的事件是超過兩百年來，第一次有人攻擊美國本土，而我們的國家是建立在自由民族主義的原則之上。

世貿中心的兩座高塔燃燒時，我們接到指示，不得前往市中心。提供醫療照顧是我們的天職，但我們只能按兵不動，守護華盛頓高地的醫療堡壘，等候可能會出現的救護車車流帶著大量傷患前來。然而，九一一攻擊幾乎沒有倖存者，沒有任何傷患被送到醫學中心。我只能徒勞無功地等候，緊盯著電視，看著那個可怕的日子繼續發展；我親眼目睹飽受驚訝的同事開始討論民族主義，而且內容逐漸改變。

我相信九一一事件是一個健康的回憶，因為我經常認為，相較於我的以色列朋友，我的許多美國朋友對於祖國的情感糾結程度似乎較低。對此，我並未懷抱批判的心情；事實上，我通常很嫉妒幾乎所有的美國朋友都不需要入伍服役，而且他們生活在自己視為理所當然的國家。在這種情況之下，美國的國土遭到攻擊時，看見他們感到一股熱烈的愛國情操，似乎是非常合理的反應。

世貿中心雙子星大樓倒塌之後，對於聚集在醫學中心等待室的人們來說，霍夫提到的腦部想像力區域彷彿開始加熱了，出現一種想要為了我們的國家復仇的集體感受。在充滿戰火的中東長大的其中一個好處，就是這種環境能讓你感受到民族主義的陷阱。醫學中心的多數人都不熟悉外國恐怖分子造成的其他大屠殺慘案，而九一一事件直接影響了他們的祖國與家園，所以他們的反應確實可以理解。然而，令人擔憂的是，某些人的大腦似乎進入了過度活躍的異常狀態：憤怒的排外主義悄悄地進入他們的論述，顯示他們的大腦出現了有害的功能增加，即使某些原本最為信奉自由主義的同事都是如此；他們似乎開始沸騰，仇視所有的「阿拉伯人」、厭惡整個阿拉伯民族。我突然覺得霍夫是對的：這種類型的大腦起火，導致有害功能增加，祖國記憶增強之後吞噬一切，甚至讓我最聰明優秀的朋友都進入了暫時的道德愚蠢狀態。

不過幾天之後，許多人都變得比較冷靜了。毫無疑問的，冷靜需要非常複雜的過程，但是回想當年的情景，我非常確定本書稍早幾個章節描述的記憶機制發揮了作用：我們已經看見遺忘的鑿子如何刻除記憶；我們也看見情緒遺忘的治療效果能在創傷事件發生之後迅速發揮效果；而參與社群活動可以加速治療的過程，避免情緒記憶燃燒過熱，導致精神病態問題。

同樣的道理也適用於社群的集體記憶以及社會病態現象。對於同事和我而言，這種治療現象發生在數千位來自所有族裔的美國愛國人士，他們參加曼哈頓街角自發舉行的燭光祈禱晚會，以及我們參訪在市中心臨時搭建的藝廊，而展覽的主角是九一一事件的死者與失蹤者。我們凝視數百位受害者的臉龐，他們來自不同文化的臉龐，我們默默地念著他們的姓名。

霍夫對於鄉愁的觀點是錯的，但是，我們確實可以想像，正如一個人的大腦會用一組皮質樞紐呈現另外一個人，一個人的大腦也會有一組皮質樞紐用於代表我們的「家園」。如果我可以在民族主義情感轉變的過程中，記錄家園皮質樞紐的活動，並且印在一張長紙之上（就像心臟科醫師用於記錄心電圖，或者神經科醫師記錄大腦活動的用紙），我就能獲得符合這本書主題的觀察紀錄——關於記憶與遺忘的平衡需求如何維持健康的心智，而在九一一事件中，就是我們的共同倫理觀念。

這個電子檢驗紀錄一開始可能是低於正常值的活動量，甚至是平坦的水平線，反應美國群眾在倫理上可能出現令人質疑的民族遺忘狀態，或者不在乎的狀態。隨後則是健康跳動的活動高峰，受到愛國情操的刺激，讓我們對於祖國的回憶恢復正常，我們應該記住並且在乎國家的安全與福祉。但是，祖國的記憶將會點燃蔓延至腦部所有區域的野火——一種令人昏沉麻痺的癲癇，關鍵位置就是關於祖國記憶的皮質樞紐。最後，隨著祖國的活動逐漸消沉，起火的大腦也恢復冷靜。

毫無疑問的，之所以能恢復冷靜有許多因素，但至少有一部分來自於「自然的常態遺忘」：**在九一一的事件中，自然的常態遺忘協助我們回到健康的倫理觀念。**

結語

爲什麼我們對於「遺忘」如此焦慮恐懼？

「恭喜你，史摩醫師，你擁有傑出的分析技巧，但我的遺忘究竟是什麼原因？」如果你不覺得這個充滿諷刺的句子有些熟悉，感謝上天，你的大腦證明了海馬迴不是鋼鐵捕獸夾，記憶也不必成為終生的皮質層傷痕。

如果你對於這句話有印象，那麼你可能還記得卡爾——我在第一章提到的病患，當我判斷他因為年齡造成的記憶力衰退問題出自於海馬迴之後，這句話是他向我提出的問題。藏在間接譏諷的恭維背後，其實是婉轉微妙的（但考慮卡爾是一位非常可愛的爭執狂，或許對他來說這根本不是婉轉微妙）「那又如何？」實際上，他想知道的不是「在哪裡」，而是「為什麼」。

你可能還記得，我因為無法向卡爾分享新興的遺忘科學，覺得十分難過；大多數的遺忘科學研究結果，都發表於卡爾過世之後的十年之間。卡爾象徵了我們對於常態遺忘的普遍擔憂，但我們在人生的泰半時刻都與自然的常態遺忘共同生活。因此，**減輕對於常態遺忘的焦慮，就是我撰寫本書的動機**。有時候，學術界與世隔絕，所以我想要透過這本書分享當前學術界的新興觀念：把常態遺忘與病態遺忘對比之後的益處，讓更多人知道，我們對於「遺忘」的恐懼，偏離了正常的基準。

卡爾領略了結構生物學用於醫學診斷的前提假設：不同的疾病影響不同的大腦區域，藉由定位受到影響的大腦區域，醫師可以提出更準確的診斷。我用了一本書的篇幅提出結論，回應由卡爾象徵的對於常態遺忘的擔憂，以及病態遺忘確實值得擔憂，而我回應的方法就是分享病態遺忘的新興研究結果。

病患真正想要知道的，也是我們所有人真正想要知道的，不只是病態遺忘為什麼會發生，還有如何修復、如何治療病態遺忘。

有缺陷的蛋白質是遺忘疾病的主要因素，因此許多有效的治療都是用盡方法修正蛋白質的缺陷問題。人類的大腦由數百個不同的腦部區域構成，每個區域都有自己的「神經元群體」，神經元群體包含具備細微差異的不同蛋白質。結構生物學的期待在於，如果我們可以精準找到腦部疾病結構位置的神經元群體，就能發現其中是哪一種蛋白質有缺陷。對於尋找疾病的人體結構起源[1]，「聆聽哭喊」（Listening to the cry）一詞是現代醫學的拂曉時刻——也就是十八世紀晚期——所使用的描述，這樣的描述不僅充滿詩意，也明確地表達了結構生物學的生物醫學「搜尋與援救」邏輯：集中注意力尋找疾病的人體結構起源、揭露疾病的根源、找到治療的線索，從而實現可能的疾病痊癒。

自然的認知老化，不等於阿茲海默症

關於搜尋人類生命晚期病態遺忘問題的病因和解藥，我們的起步較晚，也落後於其他醫學領域的改革性發展。之所以發展緩慢的其中一個主要原因（我曾經向病患及其家屬提出解釋，希望他們能夠原諒我們的無知），就是分類造成的混亂。雖然愛羅斯・阿茲海默醫師在一九〇六年已經提出了這個疾病，但令人驚訝的是，在二十世紀的大多數時間，阿茲海默症都被忽視。

阿茲海默醫師提出的前瞻觀察是在「老年前」（presenile）階段出現失智症的病患大腦中，發現了類澱粉蛋白斑塊與神經原纖維纏結；而「老年」（senility）是一個醫學名詞，誠如字面的意思就是人生的晚期，但定義很武斷，大約是從六十中旬開始。由於這種發生在「老年前」的阿茲海默症難以用年齡區分，因此統稱為「早發型失智症」（presenile dementia），同時，因為這樣的案例極為罕見，為此阿茲海默醫師的發現被視為突破性的發展——他的研究結果證明失智症是一種生理疾病，而不是病患本身造成的錯誤。直到一九七〇年代晚期，即使醫學教科書提到了阿茲海默症，也是極為罕見的案例。至於老年失智症（senile dementia）則是一種漸進的認知能力衰退，其通常發生於老年階段，且普遍為人所知。

隨著醫學進展，能讓更多人活得更久之後，老年失智症的案例也呈現了指數型的成長。**然而，老年失智症被視為正常老化階段的末端現象，不是一種疾病。大腦記**

憶區域的神經衰退被認為是老化的正常退化現象，就像皮膚變得乾枯或頭髮變得蒼白。但是，隨著人類預期壽命的增加，愈來愈多的老年人大腦接受大體檢驗，於是，一九七〇年代的研究學者開始明白了，阿茲海默醫師在早發型失智症病人中發現的蛋白斑塊與纖維纏結，也出現在老年失智症案例的大腦中。他們因而提出一個必然的結論：「早發型失智症」與「老年失智症」其實是相同的疾病，而這是醫學史上的分水嶺。現在，阿茲海默症的診斷已經整合了早發型與老年失智症，不再被視為罕見疾病，成為我們這個時代最常見且最令人害怕的其中一種疾病。

然而，鐘擺的擺動幅度太大了，不久之後，只要任何人發現自己隨著老化產生海馬迴記憶的輕微衰退（其實這是所有人遲早都會面對的現象），就會被視為是罹患阿茲海默症的初期症狀。對於少數的神經學家來說，這種擔憂毫無道理可言。例如，我有研究動物模式的背景，我知道所有哺乳類動物在正常的老化過程中，都會出現海馬迴記憶的退化。因此，我認為人類根本不可能用某種方式成為唯一「免於自然認知老化」的哺乳類動物。

我們這種少數立場的學者主張，因為年齡產生的海馬迴功能退化有兩種發展過程：第一個過程反應了年齡，第二個過程則是反應了疾病。此外，我們也強調，不同於老花眼（因為年紀增長，必定產生的正常視力下降），許多人活到八十歲與九十歲，依然沒有出現阿茲海默症。然而，主流陣營的反駁則是認為，隨著人類的平均年齡提高，阿茲海默症開始盛行，如果每個人都活得夠久，每個人最後都會罹患阿茲海默症。

我在一九九八年開始管理自己的實驗室時，我和同仁思忖能不能藉由結構生物學的思考邏輯，解開上述看似無法調節的爭論。在那個時候，我們已經很清楚，海馬迴由少數的不同神經元群體構成，而神經元在結構上群集於海馬迴的不同區域。二〇〇一年，我們發表了自己的假設[2]，**主張阿茲海默症確實是由於年紀造成海馬迴衰退的其中一個因素，但正常的老化必須被視為獨立的第二個因素。我們假設，阿茲海默症造成的病態遺忘和老化造成的病態遺忘有不同的原因，應該瞄準海馬迴中不同的神經元群體。**

這個假設雖然簡單，想要驗證卻十分困難，因為阿茲海默症在神經元死亡的多年之前，就開始造成神經元的衰弱，而正常的老化也有相同的發展過程。為了定位阿茲海默症與正常老化的起點，我們需要一部攝影機，能觀察處於阿茲海默症早期，也就是臨床表現前階段的病患其海馬迴的「神經元疾病發展圖」。

醫學技術革新，精準辨識出不同病因的神經元

功能性磁振造影攝影機，原則上可以偵測神經元的退化情況，其方法就是測量大腦區域消耗的能量。功能性磁振造影能描繪大腦能量消耗的熱圖，其中，生病衰退的神經元可能會比一般的神經元更熱（正如我們在癲癇、創傷後壓力症候群，以及造成想像疾病的鄉愁所見），或者因為失去正常功能而更冷，也就是阿茲海默症與老化造成的現象。

但是，當時的功能性磁振造影攝影機有空間解析的問題；正如不完美的衛星能

夠拍攝群島的照片，但無法區分個別的島嶼，當時的功能性磁振造影攝影機可以顯示海馬迴，但不能區分海馬迴的個別區域。因此，我們的實驗室在最初的五年時間，被迫投入技術研發。我們陸陸續續地提高功能性磁振造影的性能，希望可以偵測海馬迴各個區域的神經元衰弱現象。這個目標不一定能夠成功，確實令人緊張，畢竟，我當時還在職業生涯發展的早期脆弱階段，不過漫長的日子以及經常無法睡覺的夜晚，確實有了回報。我們的技術創新成功了[3]，新型改良的功能性磁振造影攝影機完成最佳化調整之後，很快就證明

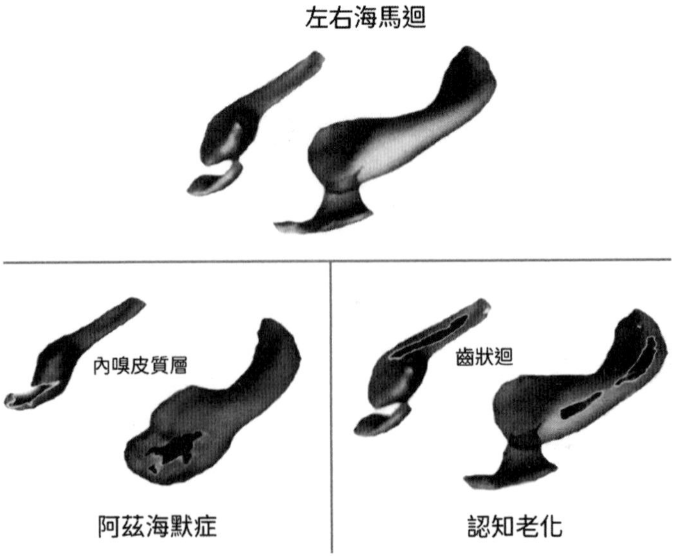

了我們的假設屬實。

藉由結構生物學解決生物醫學爭論的好處，在於一張圖片可以訴說千萬文字。只要從正確的病患團體資料描繪神經元疾病的功能磁振造影圖，就能夠扎扎實實地確認我們的假設。

上頁圖片的上方欄位顯示大腦的左右海馬迴。雖然這個欄位看起來很像美麗的雕刻作品（對我來說確實如此！），但不是出自於藝術家的手筆，而是真實的影像——取自於病患接受功能性磁振造影的掃描圖。我們可以看見海馬迴的精確結構，所有的曲線與捲曲，因為創造圖片的儀器具備很好的空間解析度。但是，請讀者記得，這些圖片是「功能性的」，而不是「結構性的」掃描；圖片蘊藏的資訊是海馬迴的哪些部位出現異常的能量消耗，也就是說，哪些神經元生病了。

圖片的左下角欄位[4]來自於我們發表的阿茲海默症研究，神經元的衰退疾病部位做了上色處理。阿茲海默症造成的神經元疾病集中在單一的神經元群體，該區域稱為內嗅皮質層。圖片的右下角欄位[5]呈現人類老化時，海馬迴的哪一個部位會出現正常的衰退。正如阿茲海默症的情況，正常老化導致的神經元衰退疾病也集中在單一的神經元區域，只是地點與阿茲海默症不同，此處是齒狀迴。

上述的顯影研究與其他顯影研究，已經終結了這個爭論，確定傷害我們「記憶導師」海馬迴的兩種不同病理因素。

相關的研究探索了不同階段的阿茲海默症病患，加上阿茲海默症與正常老化的動物模式研究，共同揭露了一個驚人的意外發現：**阿茲海默症與正常老化造成的海馬迴功能障礙，呈現鏡像相反**。內嗅皮質層是最容易受到阿茲海默症影響的海馬迴區域，但即使阿茲海默症已經擴散，齒狀迴依然可以抵抗阿茲海默症；雖然齒狀迴最容易受到正常老化的影響，但內嗅皮質層以一種鏡像相反的方式，最能抵抗年紀造成的衰退，即使是八十歲或更為年長的人都是如此。阿茲海默症與正常老化的鏡像關係是一種罕見的結構分離現象，有時也被稱為「雙重分離」（double dissociation）——雖然這不是確認我們假設的必要條件，但確實增強了假設的精確程度。

時至今日，一位神經科醫師看見卡爾這樣的病患提出自己出現與年齡有關的記憶衰退時，醫師必須考慮並釐清相關的症狀與檢驗結果，評估上述兩種可能的原因。解決阿茲海默症的不明確病因之後，也可以協助醫學領域一方面尋找正常老化記憶衰退的起因，另一方面同步尋找阿茲海默症的起因。

阿茲海默症治療的未來發展

現在，我們已經知道大腦細胞內的蛋白質異常是阿茲海默症的起因。因此，下一個問題是，哪一種蛋白質在阿茲海默症患者的內嗅皮質層中出現功能異常，但在齒狀迴中沒有問題？哪一種蛋白質是正常老化的結果，在齒狀迴中出現功能異常，但在內嗅皮質層中沒有問題？

如果我們實驗室的第一個工作階段是「致力於使用創新的功能性磁振造影工具，建立大腦結構的雙重分離」，那麼，第二個階段就是「專注於探索雙重分離，辨識劣質的蛋白質」。然而，第二個階段也需要技術創新，我們必須使用更好的分子分析工具，才能同時評估每個神經元群體包含的數千個不同蛋白質與蛋白質前體（protein precursor）。於是，我們開始一場尋找分子的遠征，謹慎地使用顯微鏡解剖方法，觀察老年人死後留下的大腦組織的內嗅皮質層與齒狀迴——無論他們是否罹患阿茲海默症，同時檢驗不同年齡層患者生後留下的健康大腦。

正如我們提出的假設，研究發現：兩組包含不同異常蛋白質的神經元群體[6]，最能夠解釋為什麼正常老化與阿茲海默症是影響不同的海馬迴區域。我們在正常老化與阿茲海默症各自找到的缺陷蛋白質，就是記憶分子工具箱中的工具，而這個結果確實符合生物學的常識（能在生物學領域建立所有人都承認的常識，這永遠都會令人驚訝，但同時也帶來巨大的滿足感）。

在正常的老化中，我們找到的蛋白質是記憶工具箱的其中一個成分工具，艾瑞克·肯德爾與同仁率先將這種蛋白質稱為記憶工具箱的「啟動」開關，用於判斷特定資訊是否值得記住。阿茲海默症的缺陷蛋白質則是屬於另外一組不同的工具，功能則是藉由收束新長成的樹突棘與感覺接受器，讓容易破碎的新記憶變得穩定。

破除人們對於「遺忘」的焦慮恐懼

我幾乎可以聽見卡爾對我說：「恭喜你，史摩醫師，你擁有傑出的分子分析技巧，但我的遺忘疾病究竟如何治療？」我給他的答案就是我在專業演講與大眾演講時提出的答案：「還要等一等。」從發出哭喊的神經元群體中找出有缺陷的蛋白質，確實能暗示這個蛋白質可能「有罪」，但只是間接證據，還不是確鑿證據。想要建立醫學的因果關係，需要更多的研究與實驗工作。

動物模式研究方法可以增強我們的證據。還記得老鼠與人類的海馬迴幾乎完全相同，甚至連海馬迴個別區域的蛋白質成分都是一樣的嗎？因此，我們可以在老鼠身上進行動物模式研究。

近年來一系列的相關研究[7]在老鼠身上刻意控制阿茲海默症的缺陷蛋白，使其功能異常，老鼠大腦的內嗅皮質層受到明確的影響，造成病態遺忘。另外，研究也發現，這種蛋白質導致類澱粉蛋白斑塊和神經原纖維纏結的形成，最後造成神經元細胞的死亡。然而，如果研究者刻意控制與正常老化有關的缺陷蛋白質，也可以再度發現病態遺忘現象，但這次受到明確影響的區域是齒狀迴，同時，齒狀迴受到影響的情況符合人類的正常老化，亦即這種操控結果雖造成神經元的衰退，但沒有形成類澱粉蛋白斑塊與神經原纖維纏結，也不會導致神經元細胞死亡。

除此之外，生物醫學的偵探調查工作可以善用基因遺傳學。事實上，近年來的基因研究調查已經找到相關的基因，而這些基因可以連結至老化以及加速老化記憶衰退的蛋白質；其他的基因研究則是區分了其他的基因問題，這些問題可以連結至阿茲海默症中出現的蛋白質，可能會提高罹患阿茲海默症的風險。到了這個階段，偵探調查工作已經快要完成了，於是，我們需要整合各種「犯罪證據」，開始審判有嫌疑的蛋白質；在生物醫學的領域中，審判（trail）就是臨床試驗（clinical trial），這是唯一超越合理懷疑的方法，可以確定有嫌疑的蛋白質確實是疾病的元凶。

然而，想要設計安全的介入治療方法來修復生病的蛋白質，其實不容易。好消息是[8]，許多實驗室都在著手處理這個問題，製藥產業也是。在過去幾年，安全的介入治療方式已經開始研發，而且可以治療動物模式實驗中的病態蛋白質。

如果卡爾可以活著聽到目前最新的研究發展情況，我知道我將不得不再次請這位自己十分鍾愛和想念的病患，保持耐心，因為我們還在持續努力尋找這兩種病態現象超越合理懷疑的病因起點，才能製作解藥。我的報告內容可能會讓他覺得失望，或許也讓你覺得失望了。相信我，這個領域已經竭盡所能地快速前進。一本探討自然常態遺忘的書籍，其最好的結論，或許就是提出一種嶄新的方法看待人生晚年的病態遺忘現象。敬請關注最新的發展。

謝辭

我完全不知道撰寫一本科普書籍，難度就像學習演奏一個新的樂器；我發誓，我當初只是純粹的無知，不是傲慢。

我要感謝王冠（Crown）出版社的編輯：處變不驚的吉莉安・布雷克（Gillian Blake），她讓我接受了大師級的訓練，學習寫作的技巧，而且非常有耐心；還有助理編輯卡洛琳・瑞伊（Caroline Wray）的寫作改善指導教學。感謝追求完美的妻子艾麗希絲・英格蘭（Alexis England），她付出了漫長的時間聆聽，提出關鍵性的調整意見。我的朋友蘇・霍朋（Sue Halpern），我比以前更能夠欣賞她的寫作才能，感謝蘇給我的鼓勵。

最後，感謝令人讚嘆的朋友艾利珊卓・彭尼（Alexandra Penney）將我介紹給吉莉安，以及意志堅定的經紀人愛麗絲・瑪特爾（Alice Martell）。

注釋

前言

1 請參考 Davis, R. L., and Y. Zhong, "The Biology of Forgetting—A Perspective." Neuron, 2017. 95(3): pp. 490–503; Richards, B. A., and P. W. Frankland, "The Persistence and Transience of Memory." *Neuron*, 2017. 94(6): pp. 1071–1084.

2 Parker, E.S., L. Cahill, and J. L. McGaugh, "A Case of Unusual Autobiographical Remembering." *Neurocase*, 2006, 12(1): pp. 34-59.Borges, J., *Ficciones*, 1944, Buenos Aires: Grove Press.

3 Borges, J., *Ficciones*, 1944, Buenos Aires: Grove Presss.

第一章

1 編注：A mind like a steel trap 為美國俚語，意指記憶力很好的人。

2 Sacks, O., *The Man Who Mistook His Wife for a Hat.* 1985, London: Gerald Duckworth.

3 Augustinack, J. C., et al., "H. M.'s Contributions to Nueroscience: A Review and Autopsy Studies." *Hippocampus*, 2014. 24(11): pp. 1267-1268.s.

4 Small, S. A. et al., "A Pathophysiological Framework of Hippocampal Dysfunction in Ageing and Disease." *Nature Reviews Neuroscience*, 2011. 12(10): pp. 585-601.

5 編注：yeshivas，這是一種猶太人的宗教教育機構，主要負責研究和教授猶太教傳統宗教典籍，比如《塔木德》和《妥拉》（*Torah*）。

6 Brickman, A. M., et al., "Enhancing Dentate Gyrus Function with Dietary Flavanols Improves Cognition in Older Adults." Nature Neuroscience, 2014, 17(12): pp. 1798-1803; Auguera, J. A., et al., "Video Game Training Enhances Cognitive Control in Older Adults." *Nature*, 2013. 501(7465): pp. 97-101. Press.7

7 舉例而言，請參考 Davis and Zhong, "The Biology of Forgetting": Richards and Frankland, "The Persistence and Transience of Memory."

第二章

1 編注：Caspar David Friedrich，此為十九世紀德國知名浪漫主義風景畫家的名字，因是一種有趣的聯想暱稱。

2 Kanner, L., "The Conception of Wholes and Parts in Early Infantile Autism." *American Journal of Psychiatry*, 1951, 108(1): pp. 23-26; Kanner, L., "Autistic Disturbances of Affective Contact." Nervous Child, 1943. 2: pp. 217-240.

3 Davis and Zhong, "The Biology of Forgetting"; Richards and Frankland, "The Persistence and Transience of Memory."

4 Migues, P. V., et al., "Blocking Synaptic Removal of GluA2-Containing AMPA Receptors Prevents the Natural Forgetting of Long-Term Memories." Journal of Neuroscience, 2016. 36(12): pp. 3481–3494; Dong, T., et al., "Inability to Activate Rac1-Dependent Forgetting Contributes to Behavioral Inflexibility in Mutants of Multiple Autism-Risk Genes." *Proceedings of the National Academy of Sciences of the United States of America*, 2016. 113(27): pp. 7644–7649.

5 譯注：結構生物學在字面上的另外一種翻譯方法是「解剖生物學」，但這種翻譯方法可能會引起讀者誤解。此處採用的是 anatomical 的原意，也就是「與身體結構有關的」、「與身體各個部位如何構成有關的」，或者是「與身體結構各方面有關的研究」。翻譯為「解剖生物學」可能會讓讀者誤解該生物學概念著重於「解剖」，雖然在第一章的內容，確實提到卡爾的遺忘現象必須經過解剖之後，方能確定是不是由阿茲海默症引起，但本書作者的主要關心是在於腦部的「結構」，而不是「解剖」。

6 Khundrakpam, B. S., et al., "Cortical Thickness Abnormalities in Autism Spectrum Disorders Through Late Childhood, Adolescence, and Adulthood: A Large-Scale MRI Study." *Cerebral Cortex*, 2017. 27(3): pp. 1721–1731.

7 Bourgeron, T., "From the Genetic Architecture to Synaptic Plasticity in Autism Spectrum Disorder." *Nature*

Reviews Neuroscience, 2015. 16(9): pp. 551–563.

8 Dong et al., "Inability to Activate Rac1"; Bourgeron, "From the Genetic Architecture to Synaptic Plasticity"; Tang, G., et al., "Loss of mTOR-Dependent Macroautophagy Causes Autistic-Like Synaptic Pruning Deficits." *Neuron*, 2014. 83(5): pp. 1131–1143.

9 Corrigan, N. M., et al., "Toward a Better Understanding of the Savant Brain." Comprehensive Psychiatry, 2012. 53(6): pp. 706–717; Wallace, G. L., F. Happe, and J. N. Giedd, "A Case Study of a Multiply Talented Savant with an Autism Spectrum Disorder: Neuropsychological Functioning and Brain Morphometry." *Philosophical Transactions of the Royal Society B*, 2009. 364(1522): pp. 1425–1432.

10 Cooper, R. A., et al., "Reduced Hippocampal Functional Connectivity During Episodic Memory Retrieval in Autism." *Cerebral Cortex*, 2017. 27(2): pp. 888–902.

11 Dong et al., "Inability to Activate Rac1."

12 Masi, I., et al., "Deep Face Recognition: A Survey." IEEE Xplore, 2019.

13 Srivastava, N., et al., "Dropout: A Simple Way to Prevent Neural Networks from Overfitting." *Journal of Machine Learning Research*, 2014. 15: pp. 1929–1958.

14 Behrmann, M., C. Thomas, and K. Humphreys, "Seeing It Differently: Visual Processing in Autism." *Trends in Cognitive Sciences*, 2006. 10(6): pp. 258–264..

15 Pavlova, M. A., et al., "Social Cognition in Autism: Face Tuning." *Scientific Reports*, 2017. 7(1):p. 2734.

16 Frith, U., and B. Hermelin, "The Role of Visual and Motor Cues for Normal, Subnormal and Autistic Children." *Journal of Child Psychology and Psychiatry*, 1969. 10(3): pp. 153–163.

17 Happe, F., "Central Coherence and Theory of Mind in Autism: Reading Homographs in Context." *British Journal of Developmental Psychology*, 1997. 15: pp. 10–12.

18 Rorty, R., *Philosophy and the Mirror of Nature*. 1979, Princeton, N.J.: Princeton University Press.

第三章

1 編注：亦即所謂的「黑色幽默」，形容用病態、諷刺或荒唐可笑的情節來嘲笑人類的愚蠢。

2 LaBar, K. S., and R. Cabeza, "Cognitive Neuroscience of Emotional Memory." *Nature Reviews Neuroscience*, 2006. 7(1): pp. 54–64.

3 Etkin, A., and T. D. Wager, "Functional Neuroimaging of Anxiety: A Meta-analysis of Emotional Processing in PTSD, Social Anxiety Disorder, and Specific Phobia." *American Journal of Psychiatry*, 2007. 164(10): pp. 1476–1488; Liberzon, I., and C. S. Sripada, "The Functional Neuroanatomy of PTSD: A Critical Review." *Progress in Brain Research*, 2008. 167: pp. 151–169.

4 Etkin, A., et al., "Toward a Neurobiology of Psychotherapy: Basic Science and Clinical Applications." *Journal of Neuropsychiatry and Clinical Neurosciences*, 2005. 17(2): pp. 145–158.

5 Sessa, B., and D. Nutt, "Making a Medicine out of MDMA." *British Journal of Psychiatry*, 2015. 206(1): pp. 4–6.

6 譯注：臺灣過去將亞甲二氧甲基苯丙胺稱為搖頭丸，近年來，也有一些觀點認為不應該將亞甲二氧甲基苯丙胺統一稱為搖頭丸。亞甲二氧甲基苯丙胺是搖頭丸中的成分，美國已經開始將亞甲二氧甲基苯丙胺用於創傷後壓力症候群的臨床治療，並強調亞甲二氧甲基苯丙胺與非法搖頭丸的差異。

7 Piomelli, D., "The Molecular Logic of Endocannabinoid Signalling." *Nature Reviews Neuroscience*, 2003. 4(11): pp. 873–884; Bhattacharyya, S., et al., "Opposite Effects of Delta-9-Tetrahydrocannabinol and Cannabidiol on Human Brain Function and Psychopathology." *Neuropsychopharmacology*, 2010. 35(3): pp. 764–774.

8 Besser, A., et al., "Humor and Trauma-Related Psychopathology Among Survivors of Terror Attacks and Their Spouses." *Psychiatry: Interpersonal and Biological Processes*, 2015. 78(4): pp. 341–353.

9 Charuvastra, A., and M. Cloitre, "Social Bonds and Posttraumatic Stress Disorder." *Annual Review of Psychology*, 2008. 59: pp. 301–328.

第四章

1 de Waal, F. B. M., *Peacemaking Among Primates.* 1989, Cambridge, Mass.: Harvard University Press, p.

xi. 。

2 Rilling, J. K., et al., "Differences Between Chimpanzees and Bonobos in Neural Systems Supporting Social Cognition." *Social Cognitive and Affective Neuroscience*, 2012. 7(4): pp. 369–379; Issa, H. A., et al., "Comparison of Bonobo and Chimpanzee Brain Microstructure Reveals Differences in Socio-emotional Circuits." *Brain Structure and Function*, 2019. 224(1): pp. 239–251.

3 Blair, R. J., "The Amygdala and Ventromedial Prefrontal Cortex in Morality and Psychopathy." *Trends in Cognitive Sciences*, 2007. 11(9): pp. 387–392.

4 Cannon, W., "The Movements of the Stomach Studied by Means of the Roentegen Rays." *American Journal of Physiology*, 1896: pp. 360–381.

5 Cannon, W., *Bodily Changes in Pain, Hunger, Fear and Rage: An Account of Recent Researches into the Function of Emotional Excitement*. 1915, New York: D. Appleton & Company.

6 Cannon, W., and D. de la Paz, "Emotional Stimulation of Adrenal Secretion." *American Journal of Physiology*, 1911. 28(1): pp. 60–74.

7 Swanson, L. W., and G. D. Petrovich, "What Is the Amygdala?" *Trends in Neurosciences*, 1998. 21(8): pp. 323–331.

8 LeDoux, J. E., "Emotion Circuits in the Brain." *Annual Review of Neuroscience*, 2000. 23: pp. 155–184..

9 Keifer, O. P., Jr., et al., "The Physiology of Fear: Reconceptualizing the Role of the Central Amygdala in Fear

Learning." *Physiology (Bethesda, Md.)*, 2015. 30(5): pp. 389–401.

10 Hare, B., V. Wobber, and R. Wrangham, "The Self-Domestication Hypothesis: Evolution of Bonobo Psychology Is Due to Selection Against Aggression." *Animal Behaviour*, 2012. 83(3): pp. 573–585.

11 Trut, L., "Early Canid Domestication: The Farm-Fox Experiment." *American Scientist*, 1999. 87: pp. 160–169.

12 Roberto, M., et al., "Ethanol Increases GABAergic Transmission at Both Pre-and Postsynaptic Sites in Rat Central Amygdala Neurons." *Proceedings of the National Academy of Sciences of the United States of America*, 2003. 100(4): pp. 2053-2058.

13 Carhart-Harris, R. L., et al., "The Effects of Acutely Administered 3,4-Methylenedioxymethamphetamine on Spontaneous Brain Function in Healthy Volunteers Measured with Arterial Spin Labeling and Blood Oxygen Level-Dependent Resting State Functional Connectivity." *Biological Psychiatry*, 2015. 78(8): pp. 554–562.

14 Young, L. J., "Being Human: Love: Neuroscience Reveals All." Nature, 2009. 457(7226): p. 148; Zeki, S., "The Neurobiology of Love." *FEBS Letters*, 2007. 581(14): pp. 2575–2579.

15 Jurek, B., and I. D. Neumann, "The Oxytocin Receptor: From Intracellular Signaling to Behavior." *Physiological Reviews*, 2018. 98(3): pp. 1805–1908; Maroun, M., and S. Wagner, "Oxytocin and Memory of Emotional Stimuli: Some Dance to Remember, Some Dance to Forget." *Biological Psychiatry*, 2016. 79(3): pp. 203–212; Geng, Y., et al., "Oxytocin Enhancement of Emotional Empathy: Generalization Across Cultures and Effects on Amygdala Activity." *Frontiers in Neuroscience*, 2018. 12: p. 512.

16 Nagasawa, M., et al., "Social Evolution. Oxytocin-Gaze Positive Loop and the Coevolution of Human-Dog Bonds." *Science*, 2015. 348(6232): pp. 333–336. .

第五章

1 de Kooning, W., et al., Willem de Kooning: *The Late Paintings, the 1980s*. 1st ed. 1995, San Francisco: San Francisco Museum of Modern Art.

2 Orton, F., *Figuring Jasper Johns*. 1994, London: Reaktion Books.

3 Ritter, S. M., and A. Dijksterhuis, "Creativity—The Unconscious Foundations of the Incubation Period." *Frontiers in Human Neuroscience,* 2014. 8: p. 215..

4 Crick, F., and G. Mitchison, "The Function of Dream Sleep." *Nature*, 1983. 304(5922): pp. 111–114.

5 Waters, F., et al., "Severe Sleep Deprivation Causes Hallucinations and a Gradual Progression Toward Psychosis with Increasing Time Awake." *Frontiers in Psychiatry*, 2018. 9: p. 303

6 de Vivo, L., et al., "Ultrastructural Evidence for Synaptic Scaling Across the Wake/ Sleep Cycle." *Science*, 2017. 355(6324): pp. 507–510; Diering, G. H., et al., "Homer1a Drives Homeostatic Scaling-Down of Excitatory Synapses During Sleep." Science, 2017. 355(6324): pp. 511–515; Poe, G. R., "Sleep Is for

Forgetting." *Journal of Neuroscience*, 2017. 37(3): pp. 464–473.

7 Tononi, G., and C. Cirelli, "Sleep and the Price of Plasticity: From Synaptic and Cellular Homeostasis to Memory Consolidation and Integra¬tion." *Neuron*, 2014. 81(1): pp. 12–34.

8 Waters, "Severe Sleep Deprivation."

9 Ghiselin, B., ed., *The Creative Process: Reflection on Invention in the Arts and Sciences.* 1985, Berkeley: University of California Press.s

10 Mednick, S. A., "The Associa¬tive Basis of the Creative Process." *Psychological Review*, 1962. 69: pp. 220–232.

11 譯注：因為大象有著過目不忘的鮮明記憶力。

12 Storm, B. C., and T. N. Patel, "Forgetting as a Consequence and Enabler of Creative Thinking." *Journal of Experimental Psychology: Learning, Memory, and Cognition*, 2014. 40(6): pp. 1594–1609.

13 Ritter and Dijksterhuis, "Creativity."

第六章

1 Brickman, "Enhancing Dentate Gyrus Function."

2 Barral, S., et al., "Genetic Variants in a 'cAMP Element Binding Protein' (CREB)–Dependent Histone

Acetylation Pathway Influence Memory Performance in Cogni¬tively Healthy Elderly Individuals." *Neurobiology of Aging*, 2014. 35(12): pp. 2881e7–2881e10.

3 Lara, A. H., and J. D. Wal¬lis, "The Role of Prefrontal Cortex in Working Memory: A Mini Review." *Frontiers in Systems Neuroscience*, 2015. 9: p. 173.

4 Cosentino, S., et al., "Objective Metamemory Testing Captures Awareness of Def¬icit in Alzheimer's Disease." *Cortex*, 2007. 43(7): pp. 1004–1019.

5 Schei, E., A. Fuks, and J. D. Boudreau, "Reflection in Medical Education: Intellectual Humility, Discov¬ery, and Know-How." *Medicine, Health Care and Philosophy*, 2019. 22(2): pp. 167–178.

6 Tversky, A., and D. Kahne¬man, "Judgment Under Uncertainty: Heuristics and Biases." *Science*, 1974. 185(4157): pp. 1124–1131.

7 Wimmer, G. E., and D. Shohamy, "Preference by Association: How Memory Mecha¬nisms in the Hippocampus Bias Decisions." *Science*, 2012. 338(6104): pp. 270–273.

8 Shadlen, M. N., and D. Shohamy, "Decision Making and Sequential Sampling from Memory." *Neuron*, 2016. 90(5): pp. 927–939.

9 Toplak, M. E., R. F. West, and K. E. Stanovich, "The Cognitive Reflection Test as a Predictor of Performance on Heuristics-and-Biases Tasks." *Memory and Cognition*, 2011. 39(7): pp. 1275–1289.

第七章

1 Margalit, A., *The Ethics of Memory*. 2002, Cambridge, Mass.: Harvard University Press, p. xi.

2 Lichtenfeld, S., et al., “Forgive and Forget: Differences Between Decisional and Emotional Forgiveness.” *PLOS One*, 2015. 10(5): p. e0125561.

3 Anspach, C., “Medical Disser¬tation of Nostalgia by Johannes Hofer, 1688.” *Bulletin of the Institute of the History of Medicine,* 1934. 2: pp. 376–391.

4 SKushner, M. G., et al., “D- Cycloserine Augmented Exposure Therapy for Obsessive-Compulsive Disorder.” *Biological Psychiatry*, 2007.62(8): pp. 835– 838.

5 Boym, S., *The Future of Nostalgia*. 2001, New York: Basic Books.

結語

1 Ventura, H. O., “Giovanni Battista Morgagni and the Foundation of Modern Medicine.” *Clinical Cardiology*, 2000. 23(10): pp. 792–794.

2 Small, S. A., “Age-Related Memory Decline: Current Concepts and Future Direc¬tions.” *Archives of Neurology*, 2001. 58(3): pp. 360–364.

3 Small et al., “A Patho¬physiological Framework.”

4 Khan, U. A., et al., "Molecular Drivers and Cortical Spread of Lateral Entorhinal Cortex Dysfunction in Preclinical Alzheimer's Disease." *Nature Neuroscience*, 2014. 17(2): pp. 304–311.

5 Brickman, "Enhancing Dentate Gyrus Function."

6 Small, S. A., "Isolat¬ing Pathogenic Mechanisms Embedded Within the Hippocam¬pal Circuit Through Regional Vulnerability." *Neuron*, 2014. 84(1): pp. 32–39.

7 Small, S. A., and Petsko, G. A., "Endosomal Recycling Reconciles the Amyloid Hypothesis." *Science Translational Medicine*, 2020.

8 Mecozzi, V. J., et al., "Pharmacological Chap¬erones Stabilize Retromer to Limit APP Processing." *Nature Chemical Biology*, 2014. 10(6): pp. 443–449.